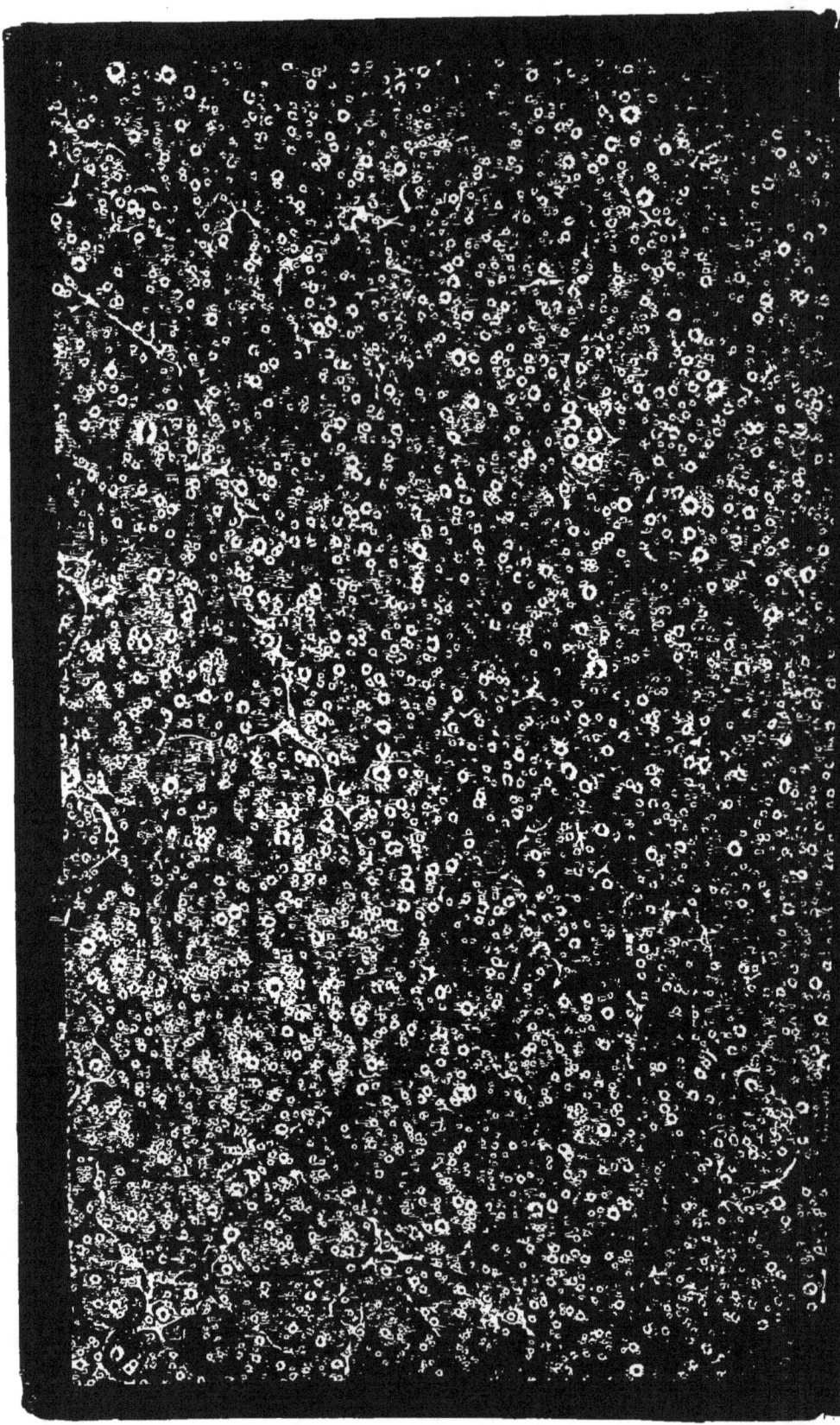

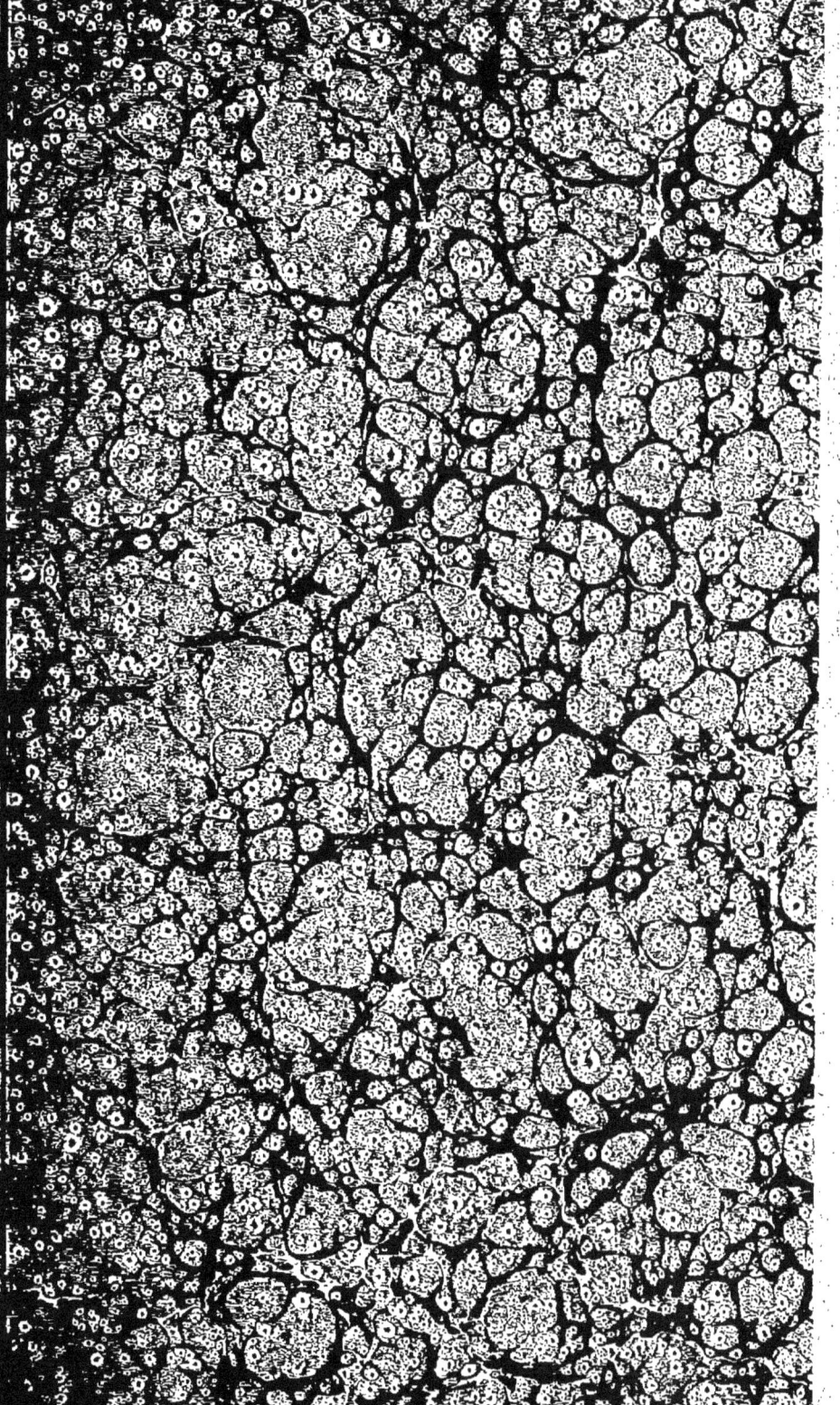

31719

ART DE CONSTRUIRE

EN

CARTONNAGE

TOUTES SORTES D'OUVRAGES D'UTILITÉ
ET D'AGRÉMENT.

Les contrefacteurs seront poursuivis selon toute la rigueur de la loi.

Extrait du Code pénal.

Art. 425. Toute édition d'écrits, de composition musicale, de dessin, de peinture ou de toute autre production, imprimée ou gravée EN ENTIER OU EN PARTIE, au mépris des lois et règlemens relatifs à la propriété des auteurs, est une contrefaçon, et toute contrefaçon est un délit.

Art. 427. La peine contre le contrefacteur, ou contre l'introducteur, sera une amende de cent francs au moins et de deux mille francs au plus; et contre le débitant, une amende de vingt-cinq francs au moins et de cinq cents francs au plus.

La confiscation de l'édition contrefaite sera prononcée tant contre le contrefacteur que contre l'introducteur et le débitant.

Les planches, moules ou matrices des objets contrefaits seront aussi confisqués.

PARIS. — IMPRIMERIE DE FAIN,
Rue Racine, n°. 4, Place de l'Odéon.

ART DE CONSTRUIRE

EN

CARTONNAGE

TOUTES SORTES D'OUVRAGES D'UTILITÉ
ET D'AGRÉMENT;

PAR A. DE BÉCOURT.

AVEC HUIT PLANCHES GRAVÉES.

DEUXIÈME ÉDITION.

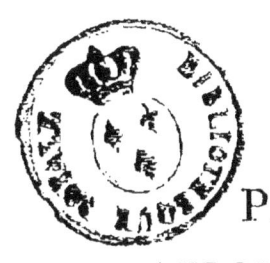

PARIS.
AUDOT, ÉDITEUR,
RUE DES MAÇONS-SORBONNE, N° 11.
1828.

PRÉFACE.

L'ART que nous enseignons et dont nous espérons répandre le goût, est un des plus agréables auxquels la jeunesse puisse se livrer. Il n'est pas seulement un amusement fort attachant, il recèle encore, sous une apparente frivolité, plusieurs genres d'utilité, et réunit ainsi les deux qualités que le sage exige pour les moindres délassemens de l'esprit. N'est-ce point pour les jeunes gens une récréation très-douce que cette application modérée qu'ils sont obligés de donner à l'imitation variée des divers objets qui s'offrent à leurs regards? Avec quelle ardeur ne se livreront-ils pas à la culture d'un art qui les met à même de reproduire, à peu de frais, les objets qui leur plaisent et dont l'acquisition leur coûterait souvent assez cher; qui peut concourir à leur amusement dans une infinité de cas, en les dirigeant dans la construction de leur petit théâtre, dans la confection des boîtes et des coffrets dans lesquels ils élèvent leurs vers à soie; dans celle de leurs cadres à mouches et à papillons; dans la façon de leurs médailliers, et dans une infinité d'autres circonstances qu'il serait trop long d'énumérer? C'est à l'aide de cet art qu'ils sentiront ce plaisir, si vif lorsqu'on l'éprouve pour la première fois, de produire quelque chose d'utile et d'agréable; de faire un cadeau, produit de leur jeune industrie; de recevoir un éloge d'autant plus flatteur qu'il est mérité, et de se voir citer comme modèles aux autres jeunes gens moins adroits ou moins appliqués. Si l'on veut maintenant considérer cet art sous un autre aspect, et bien apprécier toute son utilité, il faut remarquer qu'il donne occasion à l'élève de mettre en pratique les notions de dessin qu'il peut avoir acquises; qu'il l'habitue de bonne heure à l'étude, à l'application et à la réflexion; qu'il le rend adroit, et lui fait passer agréablement des heures qu'il pourrait perdre en amusemens frivoles et quelquefois nuisibles. L'art de travailler le carton est d'ailleurs productif; les ouvriers qui s'y adonnent dans Paris, font de très-gros gains; et, comme nul n'est à l'abri des retours de la fortune, il pourrait se faire que l'amusement de l'enfance heureuse devînt, au jour du malheur, la ressource de l'âge mûr.

Parmi les émigrés français, ceux qui n'avaient rien appris dans leur jeunesse, tendirent honteusement la main, ou vécurent d'intrigues ou de bassesses; ceux qui possédaient quelques talens agréables, tels que le dessin, la peinture, la musique, l'art du tour, celui que nous enseignons, et autres du même genre, trouvèrent, chez l'étranger, à utiliser ces mêmes talens, qui leur procurèrent l'inappréciable avantage de n'être à charge à personne, et la satisfaction de pouvoir quelquefois aider des compagnons d'infortune sans ressource.

ART DE CONSTRUIRE

EN

CARTONNAGE

TOUTES SORTES D'OUVRAGES D'UTILITÉ
ET D'AGRÉMENT.

~~~~~~~~~~~~~~~~~~~~~~~~~~~~~~~~~~~~

OBSERVATIONS PRÉLIMINAIRES.

DES OUTILS.

Le nombre d'outils nécessaires aux personnes qui ne travailleront le cartonnage que pour leur amusement et leur instruction, est peu considérable. Les principaux sont :

1°. Un couteau (*fig.* 1, *pl.* I). Il est semblable à ceux employés par les relieurs ; il peut d'ailleurs être remplacé par un tranchet de cordonnier. On fera bien d'avoir plusieurs couteaux de différentes dimensions, proportionnés à l'épaisseur des cartons employés. La lame de couteau pourra avoir quatre pouces de longueur.

2°. Une règle plate et une équerre : toutes deux doivent être en fer. La première devra avoir au moins deux pieds de long et un pouce de large. Il sera bon d'en avoir une autre d'environ un pied de long. On trouvera souvent occasion de l'employer. Il est important que ces règles soient d'une justesse parfaite.

L'équerre est à deux côtés inégaux, A B et B C (*fig.* 2, *pl.* I). B C est d'une ligne et demie environ plus épais que A B, et forme un épaulement au moyen duquel elle s'assujétit mieux sur les bords du carton ; le dessus est parfaitement uni : elle sert à couper à angle droit. Le côté A B est égal en longueur à la règle plate ; il a deux pieds : le côté B C n'a ornairement que neuf pouces de long. Il serait utile d'avoir une seconde équerre dont le plus long côté n'excédât pas un pied.

3°. Un mètre (*fig.* 3, *pl.* I). Cette mesure doit être de bois dur, et pourvue d'un index de quelques centimètres de longueur ; il faut que cet index puisse glisser aisément par la pression du pouce ; mais il ne faut pas qu'il glisse de lui-même. Ce mètre devra être divisé en millimètres. Il sera d'un grand secours dans les réductions d'échelles proportionnelles.

4°. Un compas muni d'un quart de cercle divisé, avec une vis de pression, pour le tenir ferme à une ouverture voulue. Ce compas doit avoir au moins quatre pointes de rechange en acier trempé, entrant dans l'extrémité des jambes du compas, et s'y fixant à l'aide d'une vis de pression ; l'une est simplement triangulaire et affûtée très-fin, l'autre est méplate et coupant par le bout : ce sont celles que l'on voit en place dans la *fig.* 4 ; la troisième *k* est une pointe obtuse formant un cône renversé très-évasé ; elle sert dans les cas où l'on veut découper des ronds au centre desquels on ne veut pas que la pointe laisse de trace; enfin, la quatrième h est une roulette également en acier trempé, limée en scie et coupant sur la tranche; elle sert dans les cas où la puissance de la deuxième pointe n'est pas suffisante. On peut aussi avoir un manche à vis de pression, dans lequel on ente cette roulette, qui sert alors à découper en ligne droite à l'aide de la règle. Quelques cartonniers ont encore une autre espèce de compas également divisé, et muni de pointes de rechange. Ce compas est représenté *fig*. 5 de la même planche.

On trouvera cette seconde espèce, qui doit être divisée en centimètres et millimètres, fort utile. A l'une des extrémités de la lame A B (*fig*. 5, *pl*. I), il y a un couteau à deux tranchans, soit mobile, soit fixe; s'il est mobile, ce qui est préférable, il est fixé par une vis de pression.

L'avantage particulier de cette forme de compas, est de donner le moyen de couper circulairement et perpendiculairement à la fois, avantage qu'on ne peut obtenir avec le compas (*fig.* 4), qui peut bien couper circulairement, mais dont la section, au moyen de l'inclinaison des jambes du compas, présente un angle ou biseau qu'il convient parfois d'éviter. La barre transversale est solidement fixée dans la coulisse *g*. Pour prévenir toute espèce de vacillation, il y a un ressort en fil de laiton dans la coulisse, et elle est de plus fixée par la vis *d*. Voici les meilleures proportions pour les compas droits ; la barre transversale A B (*fig.* 5, *pl.* I) devra avoir huit pouces de long, deux tiers de pouce de largeur, et deux lignes d'épaisseur. Le manche C D devra avoir environ six pouces de long; la partie de *g* à D au-dessus de la lame ne doit pas excéder un pouce trois quarts : par la même raison, que le couteau soit mobile ou non, il ne doit point saillir davantage. Le haut de la lame du couteau devra avoir environ deux lignes d'épaisseur, et un tiers de pouce de largeur ; elle doit aller en diminuant vers la pointe, de manière que celle-ci n'ait pas plus de deux lignes de large. Le bout du manche est semblable à celui d'une vrille. Ces compas droits peuvent être montés de différentes manières ; ceux que l'on peut maintenir les plus fixes, sont sans contredit les meilleurs.

5°. Un ciseau (*fig.* 6, *pl.* I). Il devra avoir au moins deux pouces à deux pouces et demi de largeur ; le tranchant devra être droit : il devra couper parfaitement. Le manche *a b* est en fer ; il a plusieurs pouces de long : c'est un prolongement du ciseau lui-même. Le haut du manche est plat, afin que l'on puisse frapper dessus avec un maillet. Le fil du tranchant doit être assez mince ; autrement, il ne couperait pas également le carton. On fera bien d'avoir plusieurs autres ciseaux plus petits, pour couper des ornemens, etc.

6°. Un polissoir (*fig.* 7, *pl.* I). C'est un morceau de bois conique, parfaitement rond, tourné, et augmentant graduellement ; il serait indifférent qu'il fût plat ou ovale vers la pointe. Les bois de hêtre ou de frêne sont les meilleurs pour cet usage. Le polissoir a environ quatre ou cinq pouces de long, et le bout le plus gros a environ trois quarts de pouce de diamètre. On polit, suivant les circonstances; soit avec le petit, soit avec le gros bout.

7°. Les épingles (*fig.* 8, *pl.* I) sont formées de deux morceaux de fil de fer assez gros et assez fort que l'on fixe dans un manche en bois A ; le bout qui passe est très-pointu. Ces épingles servent à tenir ensemble deux ou plusieurs morceaux que l'on veut coller, les côtés d'une boîte, par exemple.

MANIÈRE DE COUPER.

Pour couper un carton droit, on le placera sur une planche de bois dur parfaitement unie; cette planche peut avoir deux pieds carrés, plus ou moins. On tient la règle ferme avec la main gauche, et l'on coupe avec la droite. La perfection de la coupe dépend de l'angle que forme le couteau avec le carton durant l'opération ; si le couteau est placé tout droit, ou presque perpendiculaire, on court le danger de déchirer. Ce ne sera qu'après un peu de temps, et avec de l'habitude, que l'on parviendra à couper des lignes courbes sur un carton ; il vaudra mieux, dans ce cas, se servir d'un petit instrument, un fort canif, ou un petit couteau. On devra maintenir le couteau avec la main droite. Comme l'on coupe de gauche à droite, le carton devra changer continuellement de place, de manière que la main soit toujours dans la position la plus favorable pour couper. On s'apercevra bientôt qu'il vaut mieux ne pas couper de part en part avec la pointe, et finir l'opération avec le tranchant ; mais, après tout, il sera toujours nécessaire de recouper avec un canif ou des ciseaux, car il est presque impossible de couper bien exactement à la première fois.

MANIÈRE DE TRACER DES DIAGRAMMES (1) SUR LE CARTON.

Supposons qu'on voulût tracer une *pyramide*, un *cône*, une *boule* ou globe.

1°. La *pyramide* est un corps dont la base, comme celle d'un prisme, peut être un triangle, un carré ou un polygone, mais qui diminue graduellement, et se termine en pointe. Les côtés au-dessus de la base sont nécessairement des triangles, et la pyramide est toujours enfermée dans autant de côtés triangulaires qu'il y a de côtés à la base. Toute section parallèle avec la base est constamment semblable à cette base ; il en est de même de toute autre section parallèle.

Pour faire le diagramme ou tracé

---

(1) Construction de lignes servant à une démonstration. *Dia*, de ; *grammé*, ligne.
(*Note du Traducteur.*)

d'une pyramide triangulaire sur le carton, du point A (*fig.* 9, *pl.* I), le compas étant ouvert de la longueur A E, on décrira l'arc E B, on placera dans cet arc les côtés de la base E D, D C, C B, et on tirera les lignes A E, A D, A C, A B; et de même, d'un point de division à l'autre, les lignes droites E D, D C, C B. Le triangle F est la base de cette pyramide. Veut-on la faire ayant quatre côtés? L'arc B C sera divisé en quatre côtés, correspondant avec ceux de la base, et il y aura un carré là où se trouve placé le triangle D F C. On tracera, d'après les mêmes principes, une pyramide à cinq, six côtés et plus.

2°. *Le cône* diffère du cylindre de la même manière que la pyramide diffère du prisme. La base du cône, comme celle du cylindre, est circulaire; mais les sections décroissent progressivement à mesure qu'elles s'éloignent de la base, et le corps, diminuant ainsi graduellement, se termine par un point.

La pyramide peut, avec un léger changement, devenir cône. On se dispensera de tracer les divisions de l'arc E B, et les lignes droites, partant du centre A, excepté A E et A B, et l'on décrira une base circulaire, au lieu de décrire une base angulaire. La pyramide et le cône peuvent être raccourcis par une section quelconque parallèle avec la base ; la pointe disparaît avec cette section et produit un autre sommet, c'est ce qu'on appelle une figure tronquée. Ainsi, les *fig.* 10 et 11, *pl.* I, représentent l'une, un fragment de pyramide, ou une pyramide tronquée, et l'autre un fragment de cône, ou un cône tronqué.

Le tracé, *fig.* 9, peut servir pour exécuter une pyramide tronquée ; il faudra déterminer au compas la hauteur de la section, à partir du point A, en passant par les points e, d, c, b; on tirera des lignes d'un point à l'autre, et on coupera sur-le-champ. Il en sera de même pour le cône, seulement ce sera à la hauteur d'un second arc eb, décrit à partir du point A, que s'opérera la section.

Pour trouver la grandeur de la base du cône, on divisera l'arc E B en trois parties égales, et on prendra un des tiers pour le diamètre de la base ronde ; la moitié de ce diamètre, comme rayon du cercle, servira à couper la base circulaire. On trouvera que la base, ainsi prise, sera à peu près exacte, et si elle ne l'était pas, on pourrait aisément en rectifier les défauts, ou du moins elle pourrait servir de type pour en faire une seconde.

3°. Une *boule* est un corps enfermé par une surface courbe régulière, de telle manière que chaque point de cette surface est équidistant du centre du corps. On appelle axe ou diamètre une ligne supposée tirée, de quelque point que ce soit de la circonférence, à un point opposé, et passant par le centre. Le nombre de semblables axes, tirés de points différens, est sans doute incalculable, mais on sait qu'ils sont tous égaux. Le diamètre qui passe ainsi par le centre, divise le globe en deux parties, ou deux hémisphères. Les bases de ces deux hémisphères sont égales et parfaitement circulaires. Toute autre section que celle que nous venons de citer, a aussi une base circulaire, mais elle décroît progressivement à mesure qu'elle s'éloigne du centre.

Pour tracer la figure d'un globe, on divisera une ligne droite C D (*fig*. 6, *pl*. IV) en trente-six parties ou environ; l'on placera une des pointes du compas en D, et, ouvrant l'autre jusqu'au dixième point à partir de A, c'est-à-dire jusqu'au onzième, on décrira à ce point de la division un arc A B ; avec la même ouverture de compas, on décrira l'arc F G à la douzième division, en avançant la pointe fixe d'une division, et ainsi de suite, jusqu'à ce que l'on ait décrit douze arcs semblables. Alors, plaçant une des pointes du compas en 20, on décrira l'arc $a\,b$; qui coupe A B en x et y;

puis, passant en 21, on décrira l'arc fg qui coupe F G de la même manière, et l'on continuera ainsi jusqu'à ce que l'on ait tracé douze autres arcs qui couperont les premiers à la même distance de la ligne droite. On ne compte ces arcs dans le tracé que de la ligne droite au point d'intersection. Si le diagramme est correct, la longueur de ces arcs, du point d'intersection x à l'autre point d'intersection y, sera égale à six parties de la ligne droite du tracé, car ils forment la moitié de la circonférence du globe.

Quoique le tracé de cette figure soit très-aisé, cependant la construction du globe ne sera pas sans difficulté. La réunion de la ligne droite forme l'équateur, et tous les points où se terminent les doubles arcs vont aboutir des deux côtés aux pôles. Pour faire disparaître les difficultés de la construction, on se procurera deux demi-globles de métal, de verre ou même de bois ; ils devront être parfaitement polis à l'intérieur : on frottera soigneusement tout cet intérieur avec du savon, et, après avoir fait bouillir des petits morceaux de papier ou de carton dans de l'eau, jusqu'à consistance de bouillie, et mêlé cette bouillie avec de la colle, on mettra cette composition dans l'intérieur des deux demi-globes, on les réunira, et lorsque la composition sera parfaitement sèche, on enlèvera les moules, et le globe sera fait. Si l'on n'avait pas la précaution de frotter le dedans des moules avec du savon, on aurait la plus grande difficulté à faire sortir la pâte sèche.

Afin de couvrir le globe que l'on vient d'obtenir, on mesurera la plus grande circonférence avec un fil; on placera ce fil, en ajoutant un peu à sa longueur sur le papier destiné à couvrir le globe; on tracera ensuite la figure suivant les principes que nous venons d'indiquer; on découpera le diagramme, et on le collera sur le globe. Si l'on trouve trop de difficultés à coller le papier, ce qui, à dire vrai, est assez malaisé si l'on veut le bien faire et éviter les plis, on aimera peut-être mieux polir le globe retiré des moules, tracer les lignes dessus et le colorier.

DES CYLINDRES.

On peut faire des cylindres en carton, de deux manières, avec ou sans forme; ils sont cependant généralement plus réguliers quand on les fait sur des formes ou rouleaux de bois dur, et de beaucoup plus longs que le cylindre que l'on veut obtenir : on les retirera alors beaucoup plus facilement; on devra recommander au tourneur qui fera les formes, de ne point faire disparaître les trous qu'auront faits aux deux bouts les deux pointes du tour; ces trous indiquent le centre, ce qu'il est de la plus grande importance de connaître précisément. Mais ce sont seulement des cylindres qui auront au moins quelques pouces de diamètre, et qui ne seront pas très-longs, que l'on pourra bien faire en carton; on fera mieux les petits cylindres avec du papier à dessiner un peu épais.

La première chose à observer, lorsque l'on fera une boîte cylindrique, sera de couper le carton à angle droit à un bout. On déterminera d'équerre la hauteur de la boîte ; on marquera cette hauteur d'une manière bien visible sur le carton ; on placera la règle tout près de cette marque, et l'on coupera une bande, dont la longueur devra excéder un peu la circonférence de la boîte, dont la hauteur servira à déterminer la largeur. On placera cette bande sur la table, et on posera le rouleau dessus et près du bout coupé en angle droit ; on pressera fortement ce bout avec les deux pouces sur le rouleau, et on roulera dessus le carton bien serré. Alors, on mesurera la circonférence en marquant à l'extérieur, avec un canif bien coupant, le point où se trouve placé sur le rouleau le bout coupé à angle droit : il vaudra mieux marquer la circonférence plus longue que plus courte ; car si elle était trop courte, il ne serait plus possible d'en ôter, et le cylindre serait d'un diamètre plus petit que celui qu'on voudrait. Lorsqu'on a ainsi déterminé la circonférence, on retire la bande de dessus le rouleau, on la remet de nouveau sur la table, et on place la règle tout contre, et de telle manière que la marque se trouve près du côté opposé à celui que l'on va couper. On replace la bande sur la forme, on la roule serrée de manière que les deux côtés ne laissent point d'espace entre le point où ils se rencontrent. Pour faire le rond qui doit servir de fond à la boîte, on prend avec un compas la longueur du diamètre du cylindre, puis la moitié de ce diamètre : l'ouverture du compas ainsi déterminée formera le rayon du cercle à tracer. On découpera ce cercle avec le compas, en observant de le faire un peu plus petit si l'on veut que le fond entre dans le cylindre, et un peu plus grand si l'on veut que ce rond appuie contre le bout du cylindre : on préfère ordinairement cette manière, et même on fait le cercle un peu plus grand que le cylindre, lorsqu'on veut en faire une boîte ou un étui, afin que le fond dépasse un peu, ce qui donne à l'objet confectionné plus d'assiette et de poids.

On joint de la manière suivante. On aura d'abord mis à plat le morceau de carton destiné à former le cylindre; on l'aura couvert avec du papier que, pour cela, on aura coupé un peu plus étroit et plus long que le carton; et ce sera à l'aide de ce papier, dépassant d'environ un pouce et demi à l'un des bouts, et servant à donner de la prise, que l'on effectuera la jonction et que l'on donnera au carton la forme cylindrique. Si nous ne le disions ici, on apprendrait bientôt par expérience que l'on ne peut travailler le carton quand il est trop humide ou quand il est trop sec. Pour donner la forme cylindrique au carton, on se servira d'une forme d'une circonférence moindre que la circonférence intérieure du cylindre à exécuter, de manière que les côtés puissent croiser l'un sur l'autre d'environ un pouce et demi. On aura besoin, dans ce moment, des épingles (*fig.* 8, *pl.* 1); on fera entrer une des pointes dans le carton, un peu au-dessus de l'endroit où le papier commence à paraître, et l'autre sera fixée dans le papier lui-même. Pendant cette opération, on ne devra pas tenir le carton trop serré sur la forme, afin de pouvoir le retirer plus aisément. La forme est à peu près donnée lorsque les côtés du carton ne croisent pas l'un sur l'autre de plus d'un pouce au moment où l'on fixe les épingles. Si l'on n'avait pas d'épingles, ou, si on le préférait, un fil passé plusieurs fois autour du carton pourrait les remplacer.

Aussitôt que le carton est devenu bien sec dans cette situation, on retire ce qu'on a employé pour l'assujétir, soit le fil, soit les épingles, et il est facile de joindre le cylindre au moyen du papier. Dans ce cas, la colle-forte ou la gélatine est préférable à la colle de farine ; mais il faut qu'elle soit claire. On l'appliquera bien également, autrement on gâterait le papier de couleur avec lequel la boîte est ordinairement recouverte. Afin de rendre la boîte plus solide, on pourra coller un morceau de papier à l'extérieur, sur l'endroit où les deux côtés se joignent ; mais cela n'est pas absolument nécessaire si le cylindre a été bien collé. On passe de nouveau en forme dans le cylindre, afin de faire disparaître ses irrégularités et de l'arrondir.

Pour faire une boîte cylindrique avec une gorge pour recevoir un couvercle, on aura deux cylindres (*a b* et *c d*, *fig.* 4, *pl.* IV), l'un d'un diamètre un peu plus grand que celui de l'autre. Le plus petit, différant de grosseur avec le premier de l'épaisseur du carton employé, servira à former la gorge. Lorsque les deux cylindres extérieurs en carton, devant former la boîte et le couvercle, seront confectionnés, on introduira dans le cylindre destiné à former la boîte celui qui doit former la gorge, et on l'y fixera par le collage. On fera bien de laisser sécher la boîte et la gorge sur la forme, ainsi que la zône devant former le couvercle hors de la forme, afin que lors du retrait, qui est l'effet de la dessiccation, la gorge ne puisse diminuer de diamètre; et que le couvercle, au contraire, puisse se contracter un peu. Cette précaution rendra plus certaine l'exacte fermeture de la boîte. On fait sécher, en exposant les objets, soit à un feu doux, soit au soleil. Si la boîte était trop dure à fermer, on humecterait un peu le couvercle, et on l'agrandirait en passant dedans la plus grande des formes, un peu enduite de savon : enfin, si le carton est suffisamment épais, on en grattera un peu avec un canif; mais, si l'on a bien pris ses mesures, on évite toute cette peine.

Pour donner plus de solidité au bout du couvercle, on collera dans l'intérieur un petit rebord de carton assez épais, et l'on diminuera un peu la longueur de la gorge. De cette manière, on rendra plus fort le point de contact entre le rond qui forme le fond, et la partie de cylindre contre laquelle il est collé.

Pour faire des cylindres en papier, le procédé est le même. On se servira aussi de formes ou de rouleaux de bois dur, d'une éponge pour humecter la forme, d'un pinceau de crin et d'un canif qui coupe bien. Dans ce cas-ci, comme dans l'autre, on préférera à la colle de farine la colle-forte claire. Les boîtes de forme cylindrique en papier doivent être faites sur deux formes; sur l'une on fera la gorge, sur l'autre la partie qui forme le couvercle et la partie qui doit fermer la gorge. On trouvera la proportion que doit avoir le couvercle en faisant le premier cylindre d'une force suffisante, et en mesurant son diamètre avec un compas courbe avant qu'il soit sec. Ce diamètre donnera la dimension de la force de la gorge et du couvercle. Un tour est la meilleure chose pour arrondir et polir le cylindre. A son défaut, on se servira d'une bande de carton que l'on tiendra ferme contre le cylindre, sur la partie qui a besoin d'être polie, et l'on tournera le cylindre avec vitesse.

Les cylindres sont d'une grande importance pour la construction d'objets d'une plus grande dimension et plus intéressans; ils entrent dans la construction des colonnes, des piliers, des clochers, des tours et de plusieurs ornemens d'architecture : mais, avant d'entreprendre des ouvrages aussi difficiles, il faut avoir acquis beaucoup de pratique en faisant des objets de moindre importance, tels que des pelotes, des boîtes à ouvrage, des caisses pour mettre des plumes et autres objets, des flambeaux, etc. Nous allons donner la manière d'exécuter quelques-uns de ces ouvrages.

COLORIER, VERNIR ET DORER.

Tous les articles, et particulièrement ceux de forme cylindrique, devront être faits avec du carton fort, double et bien collé; il y a cependant du carton mince qui ploie sous le doigt sans se casser, et qui ne se déjette point. Les couvercles et les bouts devront être aussi en carton fort; mais ils n'auront pas besoin d'être toujours doublés. Le tout dépend de la bonté de la matière employée. Les objets que l'on voudra colorier et vernir, devront être parfaitement unis et polis. Les couleurs tendres ne se vernissent pas bien : le rose, le bleu-de-ciel, le vert-pomme, sont presque toujours tachés par le vernis, malgré même toutes les précautions que l'on peut prendre. Le papier marbré ou granit, les couleurs foncées, telles que le brun, le violet, le noir, etc., se vernissent mieux. On devra passer dessus d'abord, et à plusieurs reprises avec le pinceau, une composition qui fixe les couleurs et remplisse les pores du papier.

Le meilleur enduit de cette espèce est une dissolution de colle de poisson, de parchemin ou de gélatine : on peut même, dans ce cas, se servir de colle commune. Pour les couleurs foncées, deux ou trois couches seront suffisantes ; pour les couleurs tendres, il en faudra quatre ou cinq. On aura soin de ne mettre la seconde couche qu'après que la première sera parfaitement sèche, et ainsi de suite. Si, au lieu de couvrir un carton en papier de couleur, on préfère le colorier, il faudra le couvrir avec du fort papier à dessiner, et on devra peindre avant de donner les couches de colle et de vernis. On mettra, suivant les cas, autant de couches de la dissolution de colle que si l'on s'était servi de papier de couleur.

Le vernis sert tout à la fois à relever et à conserver la beauté des couleurs, et l'on pourrait dire aussi qu'il contribue à la conservation de l'objet en le préservant des insectes, et, en général, de l'action des agens extérieurs. Un vernis est une dissosolution d'un corps résineux dans un liquide qui ait la propriété de le dissoudre. La supériorité des vernis de la Chine et du Japon ne vient, dit-on, que de la supériorité des corps résineux qu'ils emploient, et dont les habitans font un secret. Les corps résineux sont solubles dans l'huile et dans l'alcool. Le vernis à l'huile, ordinairement appelé vernis gras, ne sèche que difficilement; mais il dure plus long-temps. Le vernis à l'alcool est très-siccatif; l'alcool doit être très-fort à 32 ou 33°. De toutes les huiles, la vieille huile de lin est la meilleure. Cette opération toute chimique, de faire les vernis, n'est pas sans difficulté, ni sans danger. Peut-être vaudrait-il mieux, pour ceux qui s'amuseront à faire des cartonnages, acheter les vernis tout faits (1). Les vernis em-

(1) Ceux qui voudront faire ces essais eux

ployés sont : le vernis de copal à l'alcool, le vernis de copal gras, les siccatifs, le vernis blanc, le vernis d'or liquide, l'eau gommée, etc. Il sera prudent de mettre toujours le vernis dans un vase neuf et bien propre. L'action de vernir exige elle-même des précautions; il ne faudra vernir que dans un lieu où il n'y ait pas la moindre poussière; on donnera les couches avec des pinceaux larges ou brosses de blaireau, on passera rapidement et uniformément le pinceau; on aura soin de ne pas repasser trop souvent sur la même place, particulièrement si l'on emploie du vernis à l'alcool, qui, comme nous l'avons déjà dit, est très-siccatif; les vernis doivent être clairs; l'appartement devra être chauffé, soit naturellement, soit artificiellement, à une température modérée, surtout si l'on

---

mêmes trouveront dans la *Chimie appliquée aux arts* de M. Chaptal, pag. 378-82, tom. 4, et dans les *Élémens de Chimie* de M. Thenard, pag. 302, 4, tom. 3, la manière de les faire tous. (*Note du Traducteur.*)

vernit à l'alcool. Si l'appartement était trop froid, le vernis serait grumeleux, blanchâtre, inégal; s'il était trop chaud, le vernis se boursoufflerait par l'interposition de l'air, s'écaillerait et se gâterait. L'appartement peut être plus chaud lorsqu'on vernit à l'huile. Si l'objet doit être poli, il faudra mettre de cinq à huit couches de vernis à l'alcool ou trois ou quatre de vernis gras; si l'on n'a pas l'intention de polir, quatre couches du premier et deux du second seront suffisantes.

On polit les ouvrages en carton, lorsqu'ils sont vernis et parfaitement secs, avec de la pierre-ponce, de l'eau, du tripoli et de l'huile d'olive ou d'amande douce. Si l'on a employé un vernis gras, le mélange pour polir se fera de la manière suivante : on pulvérisera la pierre-ponce et on la passera au tamis de soie; on mêlera cette pierre pulvérisée avec de l'eau jusqu'à consistance de bouillie; on trempera un petit morceau de linge neuf dans cette bouillie, et on frottera l'objet jusqu'à ce que toutes les inégalités aient disparu et qu'il soit brillant et uni comme une glace ; on l'essuiera jusqu'à ce qu'il soit bien sec avec un linge neuf, et on le repolira ensuite avec du tripoli et de l'huile d'olive ou d'amande douce ; on l'essuiera de nouveau avec un linge bien doux, puis on le frottera avec de l'amidon en poudre, et enfin avec un linge, jusqu'à ce que le vernis ait repris un beau brillant. Si l'on a employé des vernis à l'alcool, on ne se servira pas de pierre-ponce. On commencera immédiatement avec du tripoli et de l'eau, et ensuite on frottera avec du tripoli et de l'huile douce, en usant des précautions indiquées plus haut.

Il y a tant de différence entre les ouvrages en carton qui ont été polis et ceux qui ne l'ont pas été, que l'on ne regrettera pas la peine qu'on aura prise pour donner à son ouvrage toute la beauté et toute la perfection dont il est susceptible. Il faudra avoir soin de conserver les deux poudres qui servent à polir, c'est-à-dire, la pierre-ponce et le tripoli, dans des vases parfaitement propres et bien fermés, car un simple atome de sable, par exemple, gâterait entièrement le vernis.

Nous comprendrons, sous le nom générique de dorure, l'application de l'argent ou de tout autre métal en feuille : on aura besoin, pour ce procédé, de divers ustensiles :

1°. D'un coussin de cuir que l'on aura frotté d'abord avec de la pierre-ponce, et ensuite avec de la craie; on pourra le placer dans une caisse de carton à laquelle sera adapté un tiroir pour mettre les feuilles d'or et les autres ustensiles. C'est sur ce coussin que l'on coupe en morceaux, de la dimension nécessaire pour dorer, la feuille d'or ou d'argent.

2°. D'un couteau à deux tranchans, mince et long, dont la lame ne soit point ébréchée : une seule brèche suffirait pour déchirer la feuille d'or. On devra frotter les deux côtés de la lame avec de la craie avant de s'en servir, autrement l'or adhérerait.

3°. D'une petite brosse d'une espèce particulière, faite avec du poil de queue d'écureuil. Les relieurs se servent généralement d'un morceau de bois long, étroit et mince, et couvert en drap : cet ustensile a un manche. Ils se servent aussi d'une brosse, mais qui n'est point faite de poil d'écureuil. Soit qu'on se serve d'une brosse ou d'un morceau de bois, il faudra y mettre un peu de graisse, de manière que l'or puisse y adhérer un peu. On fera bien d'avoir, en outre, plusieurs brosses communes, afin de saisir les petits morceaux d'or qui se détachent et voltigent.

4°. D'un filet ou roulette : c'est un outil dont se servent les relieurs pour imprimer soit des filets, soit d'autres ornemens sur le dos des livres. C'est une espèce de rouleau en laiton, de quelques lignes d'épaisseur, sur le côté convexe duquel sont gravés en relief des guirlandes, des fleurs et autres ornemens.

50. Le timbre est un autre ustensile en laiton, sur lequel sont aussi gravés des ornemens : le timbre est d'une plus grande dimension que la roulette. On chauffe ces deux ustensiles à un certain degré, afin de faire mieux adhérer l'or ou l'argent sur l'objet que l'on veut orner.

On aura aussi besoin de coton, ou de laine, légèrement cardé, mais sans nœuds ; il sert tantôt à appliquer ou à fixer l'or, tantôt à enlever le superflu.

La dorure requiert les mêmes précautions et les mêmes préparations que le vernis. Si l'on veut dorer du bois, il faudra le polir, le laver avec de la colle, et le frotter avec de l'ocre ; mais pour le carton, il vaut mieux le couvrir avec du papier vélin très-fort, que l'on aura auparavant lavé avec de la colle, et poli jusqu'à le rendre aussi unique du parchemin. On passera dessus trois ou quatre couches d'eau, dans laquelle on aura fait dissoudre du parchemin, en ajoutant à cette dissolution une quantité modérée d'ocre jaune en poudre. Lorsque la dernière couche sera entièrement sèche, on frottera doucement la surface de l'objet avec des copeaux fins; ensuite on lavera avec de la colle claire, et on appliquera, au moyen du pinceau, sur-le-champ, la feuille d'or, tandis que l'objet sera encore humide, et on le contiendra avec du coton. Si l'objet est petit, il vaudra mieux appliquer de petits morceaux d'or successivement, cela sera moins difficile que de mettre tout d'une fois un grand morceau. Mais ce procédé devient nécessaire lorsque l'on a à dorer des objets en carton de forme cylindrique, parce que ces objets sont difficiles à dorer. En général, l'opération doit être faite à une température modérée; l'élève ne saurait avoir les mains trop propres; l'atelier aussi devra être très-propre; on devra se défendre des courans d'air, autrement on perdrait beaucoup d'or, ou au moins les feuilles se trouveraient dérangées et le travail retardé. Quoi qu'il en soit, pour les ornemens en or, on fera mieux de les couper à même une feuille de beau papier doré; on l'humectera du côté non doré, avec de l'eau gommée assez épaisse; on le fixera avant la dernière couche de vernis, et pourvu que l'on n'en mette qu'une couche, le vernis, loin de nuire aux ornemens, servira à les mieux fixer.

On achètera des bordures d'or ou d'argent de différentes largeurs, numérotées de 1 à 10; on se procurera aussi une espèce de bordure plus riche, connue sous le nom de *Bordures d'or de Vandyke*.

On peut aussi couvrir le carton en soie, en satin, en cuir, en parchemin ou autres substances, d'après les mêmes procédés, à quelques légères différences près, suivant la couverture que l'on adoptera.

MODÈLES A IMITER EN CARTON.

Les six premiers objets (*fig.* 1, 2, 3, 4, 5, 6, *pl.* II), représentant différentes espèces de paniers ou corbeilles. La manière d'en faire le tracé avant de les couper, est une application plus ou moins exacte de la pyramide, du cône et du globe. Les quatre premiers ont cela de particulier qu'on les coupe d'une seule pièce, de telle manière que toutes les parties se tiennent avant d'avoir reçu leur forme définitive. En variant un peu la forme, on peut faire ces petits meubles de beaucoup de manières. Le fond d'un panier peut être ou plus grand ou plus petit, avoir les côtés plus hauts ou plus bas, droits ou cintrés, plus ou moins convexes, etc. Quant aux ornemens, il est possible de les diversifier encore davantage.

1. PANIER EN HEXAGONE RÉGULIER (1).

Ce panier (*fig.* 1, *pl.* II), est une pyramide hexagone tronquée et renversée; et, à l'exception de la découpure de la partie supérieure des cô-

---

(1) C'est-à-dire à six côtés (*hexa* six, *gônia* angle.) (*Note du Traducteur.*)

tés, sa forme est régulière. Dans le tracé (*fig.* 1, *pl.* III), le côté *a b* de l'hexagone, qui est une section de la pyramide, et qui forme dans le cas présent le fond du panier, a trois pouces; c'est aussi la longueur du rayon *c d*, avec lequel on décrit le cercle *k* qui sert de base à l'hexagone; la hauteur perpendiculaire des côtés est de la même dimension. Les côtés pourront être plus ou moins inclinés par le plus ou moins d'extension de la ligne *e g* aux deux extrémités. Dans le tracé, l'extension *e f* est à peu près d'un pouce, ce qui est le tiers de la ligne *a d* de l'hexagone ou du rayon *c d*. Lorsque l'on a marqué suffisamment la ligne qui sépare les côtés du fond du panier, et après que l'on a coupé le carton aux lignes *fa*, *ma* et ainsi de suite, le découpé *m n* de chacun des côtés se fait aisément à l'aide du compas droit.

Avant la réunion des côtés, on placera le tracé sur le papier destiné à le couvrir, afin d'y reporter avec le crayon les lignes principales. Les morceaux *m*, *a*, *f* ne devront pas être coupés exactement, on devra ajouter quelque chose à la largeur des côtés. Ainsi, par exemple, on ne coupera pas précisément en *m*, *a*, mais un peu au-delà, et parallèlement; on fera surtout attention d'avoir assez de papier pour couvrir les angles; il en sera de même pour l'intérieur.

A la mise-ensemble des côtés, on fera usage des épingles (*fig.* 8, *pl.* Ire.) Avant de faire le tracé, il sera bon de bien polir le carton; après quoi on le couvrira des deux côtés avec du papier commun, et, avant qu'il soit parfaitement sec, on le mettra sous presse, ou, à défaut, entre deux planches chargées, entre lesquelles il deviendra lisse et uni; on passera sur les deux côtés la pierre-ponce, et l'on finira de le polir avec le brunissoir (*fig.* 7, *pl.* Ire.). Ainsi que nous l'avons déjà dit, le carton ne devra pas être mince; cependant son épaisseur ne devra pas excéder un douzième de pouce (une ligne) : on ne l'emploierait même que difficilement aussi épais pour faire des paniers dont les bords sont cintrés, tels que ceux (*fig.* 3, 4 et 6, *pl.* II); on n'a pas besoin de les couvrir d'abord avec du papier, et les bords se briseraient presqu'inévitablement au pli. On fera mieux de couvrir séparément les côtés de ces sortes de paniers.

II. PANIER OBLONG, A SIX CÔTÉS.
(*Pl.* II, *fig.* 2.)

Le tracé a pour base le parallélogramme $abcd$ (*fig.* 2, *pl.* III); la largeur ab est égale aux trois quarts de la longueur ad. On décrira avec une ouverture de compas, égale à la moitié de la longueur du parallélogramme, ou, ce qui est la même chose, à la moitié de la longueur de la ligne bc, deux arcs qui se couperont mutuellement en k, et l'on obtiendra l'angle akb; après quoi et de la même manière on obtiendra l'angle dec, qui sera égal à akb. On prolongera ensuite la ligne ab

dans les deux directions opposées en g et en f, de manière que bg devienne égal au prolongement af. On observera la même chose à l'égard de la ligne cd, et l'on obtiendra ainsi la hauteur perpendiculaire du côté, qui est égal aux deux tiers de la longueur du parallélogramme. A l'extrémité des petits côtés de la base oblongue hexagone, on ajoutera en kb les lignes à angle droit bh et ik, à l'aide d'une règle, et on les rendra égales aux lignes bg, af et aux autres, ce qui donnera les quatre petits côtés.

Pour compléter le tracé, on procédera au prolongement des lignes extérieures des côtés. Ce prolongement n'est pas partout semblable à celui du tracé (*fig.* 1, *pl.* III) : l'inégalité des angles de l'hexagone oblong fait la différence. On donnera donc au prolongement os, au-dessus de l'angle aigu de l'hexagone, la moitié de la longueur du côté kb, tandis que le prolongement hn, pg devra seulement être égal aux cinq douzièmes du prolongement $i\ m$. Aussitôt que l'on aura déterminé tous les prolongemens, on tirera les lignes latérales $m\ k$, $n\ b$, ainsi de suite; on pourra les marquer sur-le-champ; enfin on décrira les arcs $m\ n$, $p\ v$, et ainsi de suite à l'égard de tous les côtés.

Pour se convaincre de l'exactitude du tracé, on mettra ensemble les quatre petits côtés, en conservant des épingles; on contiendra avec les doigts étendus de la main gauche, le fond du panier sur la table, ou, si l'on veut, on placera un poids dessus, puis on élèvera les côtés. Si les prolongemens sont trop longs, on s'en apercevra aisément, et l'on marquera au crayon de combien ils sont trop longs; s'ils étaient trop courts, on les allongerait, en collant des bandes de papier au bord des côtés défectueux.

La dimension la plus convenable pour ces sortes de paniers, est de donner quatre pouces et demi au côté le plus long $b\ c$ ou $a\ d$ du parallélogramme $a\ b\ c\ d$.

5

III. Panier a six côtés réguliers, ayant une anse et les côtés cintrés.
(*Pl.* II, *fig.* 3.)

La forme de ce panier diffère de celle des deux derniers, en ce que les côtés sont cintrés en dedans. Les lignes latérales ne sont plus droites, elles sont courbes; il faudra, pour plus d'exactitude, les tracer au compas. Par exemple, pour tracer l'arc C G (*pl.* III, *fig.* 3), on placera la pointe fixe du compas alternativement et indifféremment en C d'abord, et en G ensuite; de ces deux points, on tirera, avec l'ouverture du compas voulue, deux arcs qui viendront mutuellement se couper en x. De ce point d'intersection x, on décrira l'arc C G ; on trouvera aisément l'ouverture du compas requise; car si l'arc C G tombe trop dans les limites de la ligne ponctuée C F vers le point C, on reconnaîtra que l'ouverture est trop étroite, et l'on ouvrira un peu plus; aussitôt que l'on aura obtenu exactement l'arc de cercle, on coupera le carton, et on se servira du morceau sortant comme d'un patron ou modèle, pour couper les autres arcs. Il est évident que le point de centre de l'arc et de ses côtés, dépend du prolongement F G. Ce prolongement est ici exactement la moitié de la base de l'hexagone C A.

La dimension la plus convenable de ces sortes de paniers est de deux pouces pour le côté de l'hexagone. On fera bien de donner la forme voulue aux côtés avec un rouleau de bois; ce rouleau ne devra pas être trop effilé, autrement la courbe serait irrégulière. L'anse est faite avec une simple bande de carton, qui ne doit point être trop mince; il sera bon de la doubler avec une petite bande de fer-blanc, ou mieux d'étain, cela donnera plus de solidité; on couvrira ensuite le tout avec du papier, soit blanc, soit de couleur, en rapport enfin avec les autres ornemens du panier.

IV. Panier oblong a quatre côtés.
(*Pl.* II, *fig.* 4. — Tracé *fig.* 4, *pl.* III.)

Après avoir fait le tracé de la *fig.* 3, *planch.* III, et l'avoir coupé, il ne sera pas difficile de réussir à faire celui-ci, dont les côtés sont à peu près semblables, ou au moins qui sont tracés et coupés de la même manière. Les tracés des premiers (*fig.* 1 et 2) ont tous deux une pyramide irrégulière; ils diffèrent seulement en ceci, que le tracé *fig.* 2 est un hexagone, et que celui-ci est une pyramide à quatre côtés renversés. La base de ce tracé-ci est un parallélogramme $bcde$, dont la largeur cd est contenue deux fois dans la longueur cb. La hauteur perpendiculaire cg des côtés est égale à un et un cinquième de la largeur cd. Le prolongement ag est beaucoup plus considérable que dans le tracé de la figure précédente; il a au moins les deux tiers de cd, parce que, pour rendre la forme de ces sortes de paniers agréable à l'œil, il faut que les côtés soient plus cintrés. La dimension est d'environ six pouces de long sur trois de large à la base.

V. Panier de forme conique a anse. (*Planche* II, *figure* 5.)

La forme de ce panier affecte celle d'un cône tronqué et renversé. On divisera l'arc A B (*fig.* 2, *pl.* IV) en six parties égales; on tracera et l'on coupera les morceaux arqués suivant ces divisions; on se servira du couteau avec précaution, afin que la coupe soit bien nette. On coupera le papier destiné à couvrir, d'une dimension telle qu'il excède d'environ un demi-pouce la figure du tracé. Cet excédant est marqué dans le tracé par la ligne pointée A *m*. On donnera au tracé, avant que le carton soit sec, une forme conique, à l'aide d'un rouleau, de manière que l'excédant du papier se trouve à l'extérieur; on le contiendra avec les épingles et on laissera sécher. Le tracé C, près de la *figure* 2, *planche* IV, représente un carton roulé contenu par des épingles. Avant de le rouler, on devra marquer au crayon la dimension sur le papier destiné à couvrir. Lorsque l'on retire les épingles, après que le carton est sec, il retient la forme qu'on lui a donnée lorsqu'il était humide; c'est avec l'excédant du papier qu'on le joint et qu'on le colle. Lorsque l'extérieur est couvert de papier, on ne doit point apercevoir la jointure. On pourra coudre l'anse; on aplatira la couture et on la cachera complétement avec quelques ornemens.

VI. PETIT PANIER DONT LA FORME RESSEMBLE A LA FLEUR DU COBÉA. (*Pl.* II, *fig.* 6.)

La forme de ce panier ou de ce vase est fort élégante. Elle a pour base le tracé de la sphère; cependant elle en diffère; elle a ici huit parties qui sont petites relativement à la circonférence, et grandes relativement à elles-mêmes ; c'est seulement par la courbure de la partie inférieure de ces parties que la forme se rapproche de celle d'un globe, tandis que la courbure du haut dans le sens contraire, lui donne quelque ressemblance à une cloche, ou plutôt à la fleur du cobéa. Le pied ressemble à un gobelet renversé.

Pour faire le tracé (*fig.* 5, *pl.* IV), on tracera sur toute la longueur du carton la ligne droite de F en G ; on placera une des pointes du compas à l'une des extrémités, soit G, et, avec le crayon placé à l'autre branche, on tracera, avec une grande ouverture du compas, l'arc $a\ b$ passant en c. On posera ensuite le crayon en d, et la distance de d à c déterminera la plus grande largeur de la feuille ; avec la même ouverture de compas, on décrira, du point L, l'arc du cercle $o\ r$ qui coupe $a\ b$ en o et r. La plus grande largeur de la feuille est le quart, moins quelque chose, de la longueur, et cette largeur peut être de deux pouces. Avec une ouverture de compas un peu plus large que $c\,d$, on déterminera de c et d l'extrémité i, et l'échancrure de la feuille $c\,i\,d$. La section inférieure $b\,r$ est égale au tiers de $c\,d$. La figure exacte d'une feuille entière est représentée en H, même figure. Aussitôt que la première est tracée, on la coupe; l'on trace et l'on coupe dessus les sept autres, de manière que les huit feuilles se trouvent exactement de la même dimension.

En traçant le petit piédestal octogone sur lequel est monté le vase ou panier, on apercevra aisément que le côté de l'octogone doit être égal à la section inférieure de la feuille $b\,r$ (*fig.* 5, *pl.* IV). Son tracé a quelque analogie avec celui de la *fig.* 3, *pl.* III; les proportions seulement diffèrent. Les côtés ont trois fois en longueur celle du côté de la base octogone, et les lignes extérieures des côtés aux deux extrémités, ont un peu plus d'extension que la moitié du côté de l'octogone.

La construction de ces sortes de paniers n'est pas sans difficulté, et nous conseillons de n'en tenter l'exécution que lorsqu'on aura acquis de l'habitude. Plusieurs des modèles suivans sont beaucoup plus aisés à faire.

VII. BOÎTE A VERS A SOIE, ETC.
(*Pl.* VI, *fig.* 7.)

Cette boîte est couverte en partie par un verre qui se tire et se pousse par les deux côtés; par conséquent, pour laisser place à ce verre, les deux petits côtés A B devront être moins hauts que les grands côtés C D. La hauteur de A B est égale à C D, moins la hauteur de la coulisse $m n$. Cette coulisse est formée d'une bande de carton fort d'une hauteur exactement égale à celle des côtés courts A B, et d'une longueur égale à $m n$, collée contre chacun des longs côtés, et d'une autre bande étroite, d'une force et d'une longueur égales, collée parallèlement sur $m n$; la distance laissée entre ces deux bandes constitue la largeur de la coulisse. On peut coller la dernière bande avant ou après que les deux côtés sont élevés ; mais la bande large devra naturellement être collée avant la bande étroite. Lorsque la coulisse *m n* est finie, on coupe deux morceaux de carton dans la forme réprésentée F ; on les colle dans l'intérieur perpendiculairement au bord supérieur des petits côtés, et à la même hauteur que la bande de dessous de la coulisse, de manière que le verre puisse librement glisser dessus.

VIII. PLATEAU DE FORME RHOMBOÏDALE.
(*Planche* II, *fig.* 7.)

On tirera une ligne droite de C en D (*pl.* IV, *fig.* 3), et l'on décrira de D et de C, avec une ouverture de compas égale à C D, deux arcs qui se couperont l'un l'autre en F et en L. Les points d'intersection détermineront les côtés du rhombe C F, F D, D L, L C. Après avoir coupé la base rhomboïdale pour laquelle on emploiera un carton fort, on coupera les morceaux qui doivent former les côtés, et qui devront être égaux aux côtés du rhombe ; et avant de les coller on ébizèlera les deux extrémités, afin que les angles formés en F C L D, par la jonction des côtés, ne deviennent pas plus obtus ; et comme les angles F et L sont plus aigus que C et D, on devra en abattre un peu plus de F et L que des angles C et D. Cela dépend surtout du plus ou moins de dextérité avec laquelle on fait la mise-ensemble.

IX. BOÎTE A OUVRAGE PORTATIVE.
(*Pl.* VI, *fig.* 6.)

On commencera par faire la boîte cylindrique A (*pl.* VI, *fig.* 6). Il y a à chacune des extrémités *c* et *e* une gorge pour recevoir deux couvercles. La gorge supérieure *a* recevra le couvercle C, et la gorge inférieure recevra le couvercle B qui est un peu moins haut que l'autre ; au moyen d'une division dans la direction de $m\ n$, l'intérieur de la boîte A est partagé en deux parties inégales. Dans le milieu de la partie $m\ n$, il y a une ouverture circulaire pour recevoir dans le compartiment inférieur, qui est le plus grand, un petit cylindre ou tube qui sert d'axe à la bobine D. Le fil passe par la petite ouverture oblongue g; lorsqu'on ne se sert point de la boîte, on enferme le bout de fil entre le couvercle B et la gorge, de manière qu'il ne se dévide pas de lui-même dans la poche ou dans le sac. En tournant la boîte, le fuseau sur lequel tourne la bobine avance de manière a pouvoir placer un dé à coudre. Le compartiment supérieure au-dessus de $m\ n$ est rembourré, et l'ouverture a est couverte de soie; on y place les aiguilles; au centre a il y a une petite ouverture qui divise la boîte en deux parties; c'est là que l'on place les ciseaux, et le tube sur lequel tourne la bobine est fait de manière à servir d'étui.

La hauteur de la boîte sans le couvercle est de trois pouces et demi, le diamètre est de deux pouces; le couvercle d'en haut a environ un pouce et demi de haut; celui d'en bas, environ trois quarts de pouce; la profondeur du compartiment où se trouve placée la bobine est d'un pouce trois quarts, la bobine a un pouce et un tiers de long; et toute la boîte, avec les deux couvercles, a quatre pouces et demi de haut.

Le fuseau ou bobine D est formé des deux cercles f et h et d'un tube i; on pourra faire les trous dans lesquels doit passer le tube, avec un poinçon ou autre instrument analogue. Il faudra pour la pelote un cylindre séparé qui s'adapte au compartiment inférieur, et qui soit de la même hauteur; il y aura dans le fond un passage pour les ciseaux qui communiquera avec le tube du compartiment supérieur. Deux morceaux carrés de carton placés perpendiculairement à la distance voulue, forment l'ouverture pour les ciseaux;

on collera de plus, dans cette ouverture, deux petites bandes dans la direction de l'ouverture du fond, pour servir d'étui.

X. BOÎTE A THÉ DE FORME PRISMATIQUE (1).
(*Planch.* II, *fig.* 8.)

Cette boîte a la forme d'un prisme hexagone dont la hauteur n'a pas tout-à-fait quatre pouces; chacun des côtés de la base hexagone a deux pouces et un tiers. Il y a en haut et en bas deux rebords projetans; celui d'en haut est plus large que celui d'en bas. Le couvercle est fixé au moyen d'une gorge dans la partie supérieure du corps de la boîte ; le modèle représente au centre un petit ornement ayant la forme d'une urne qui sert à l'enlever; cet ornement

---

(1) Un *prisme* est un corps terminé par des bases égales et parallèles et des parallélogrammes. Il tire son nom, du grec *prizó*, je scie, probablement parce que le prisme était d'abord seulement un corps triangulaire ; tel est le prisme en verre qui sert à décomposer la lumière. (*Note du Traducteur.*)

peut varier au gré de l'artiste. On trouvera le tracé de cette boîte dans les *fig.* 1 et 3, *pl.* III, en ne prenant que la base et les lignes pointées des côtés.

Après avoir mis ensemble et collé les côtés, on coupera les six morceaux qui doivent former la gorge intérieure du couvercle. Le carton employé doit être fort. Chaque bande est un peu moins large que les côtés, et a environ un pouce de moins en hauteur. On remarquera du reste, que les morceaux qui doivent former la gorge doivent être un peu plus petits, pour qu'après la mise-ensemble, le tout puisse former un prisme qui doit nécessairement avoir moins de diamètre que les côtés de la boîte. Les rebords dont nous avons déjà parlé et qui sont placés en haut et en bas, à l'extérieur de la boîte, sont de petites bandes coupées, ajustées et collées séparément.

On pourra facilement augmenter les proportions du modèle; et, pour en faire une boîte à thé complète, on devra la doubler avec des feuilles de plomb. Cette opération n'est pas plus difficile que le collage du papier : on y procède de la même manière, seulement la colle doit être un peu plus forte, et l'on se servira du polissoir pour empêcher le plomb de faire des plis ; il faudra avoir soin de ne point aller trop fort avec le polissoir, autrement on déchirerait. On collera le fond plus aisément avant la mise-ensemble. Il vaudra mieux ne couper, mettre ensemble et ajuster toutes les parties du couvercle, que lorsque la boîte sera parfaitement sèche ; on sera plus sûr de le bien ajuster, ce qui est important. Ce couvercle est fait d'un morceau de carton épais coupé en hexagone, au-dessus duquel on en colle un autre de la même forme, mais d'un diamètre plus étroit d'au moins deux tiers de pouce. Au centre du plus petit hexagone on placera une rosace, une guirlande, ou tout autre ornement coupé à l'emporte-pièce ; le carton employé devra être mince. Au milieu de cet ornement on fera un petit trou pour recevoir un petit bouton qui se vissera en-dessous. Ce bouton sera, comme nous l'avons déjà dit, une urne, un petit Chinois, ou toute autre chose; il sera en bois doré, en ivoire, en laiton, etc.

XI. ÉCRITOIRE. (*Pl.* II, *fig.* 9.)

Cette écritoire a trois compartimens; les deux qui se trouvent placés aux extrémités sont destinés à recevoir l'encrier et la boîte à poudre; celui du milieu, dont le devant est échancré, sert à mettre les pains à cacheter, la cire, le cachet, etc. Il y a en outre une projection semi-circulaire sur le derrière en forme d'écran. Le tracé (*fig.* 1, *pl.* IV) est une espèce de parallèlipipède (1).

On tirera, comme base, le paral-

---

(1) Solide terminé par six parallélogrammes à côtés opposés parallèles; du grec *parallélos*, parallèle; *épi*, sur; *pedion*, plan.
(*Note du Traducteur.*)

lélogramme $a\,b\,c\,d$; on donnera au long côté $a\,d$ une longueur de sept pouces, et à l'autre $a\,b$, une de quatre pouces et demi. On fera une ouverture de compas égale à un pouce trois quarts, et l'on déterminera de $a\,d$ les points r et s; on tirera ensuite, en faisant passer par ces deux points, la ligne fg, qui détermine la hauteur des côtés $ar = rf$. Alors, avec une ouverture de compas d'environ deux pouces, on décrira de r et de s, les points m, n; enfin, on tirera les lignes $i\,h$ que l'on fera passer exactement en m et n; $i\,h$ sont les points jusqu'où les côtés courts sont de hauteur égale; à partir de là la hauteur diminue graduellement, en formant deux arcs jusqu'au point e. Là, le côté a seulement trois quarts de pouce. La ligne $m\,n$ détermine aussi la longueur des compartimens. On pourra fixer la largeur du petit côté échancré par une ligne parallèle à $gh = fi$; on lui donnera, à partir de $g\,h$, une distance égale à celle de c à e, c'est-à-dire, à la plus petite hauteur du côté. On coupera avec un bon canif les places marquées. La plus grande largeur de l'écran ou paroi est de deux pouces; celle de la projection $b\,c\,k$ est de deux pouces et un tiers. La coupe inclinée de la paroi dépend de ce que les angles $s\,g\,p$ et $s\,d\,x$ sont plus ou moins obtus. Après que l'on aura élevé et mis ensemble les côtés et la paroi, on coupera séparément en carton mince, la projection $b\,c\,k$, dont la hauteur n'excédera pas celle de $c\,e$.

XII. Pelote de forme cubique avec bobines (*Pl.* V, *fig.* 4).

La partie principale est un cube monté sur un fuseau, auquel sont attachées deux bobines : le tout repose sur un piédestal G. Le cube B s'ôte à volonté, et permet d'ôter et remettre les bobines.

Le piédestal est formé de quatre pièces carrées de carton épais et fort, coupées de grandeur convenable et couvertes; elles sont collées les unes sur les autres. Le carré du dessous, qui est aussi le plus grand, est égal à la base du côté du cube. Les autres sont successivement de plus en plus petits; ils forment quatre espèces de marches des quatre côtés. Au centre des trois premiers carrés, en commençant par celui de dessus, on percera un trou bien cylindrique. C'est dans ce trou qu'on introduira et que l'on fixera le fuseau. Au fond du cube, on voit trois épaisseurs de gros carton; chacun de ces cartons est percé de la même manière, et le cube qui, comme nous venons de le dire, ne doit point être collé, est fixé par ce moyen sur le fuseau, et repose sur la partie supérieure d'une des bobines.

Il faut que ces trous se trouvent parfaitement dans le milieu, et exactement dans la même direction. On trouvera facilement le centre de chaque carré en tirant deux diagonales qui se couperont mutuellement; le point d'intersection est le centre.

La boîte munie de deux gorges $i\,i$ est formée de deux moitiés B et C fixées par des charnières des deux côtés opposés du piédestal. Lorsque l'on veut fermer la pelote, on lève ces deux moitiés, qui alors se joignent, et on place le couvercle D dessus. Par ce moyen, toutes les parties sont contenues ensemble, et le tout a complétement l'apparence et la forme d'une boîte.

Le tracé de la partie principale est nécessairement le même que celui d'un cube ou dé; seulement le dessus manque : il doit rester ouvert pour la pelote.

La pelote elle-même est un autre cube plus petit que le premier et s'y enclavant. On le rembourre en laine ou en son. Il est bombé à la partie supérieure. On le couvre en velours, en satin, etc.; on fera la pelote avant de faire la boîte qui doit la recevoir, afin de lui donner plus sûrement la dimension convenable.

Lorsque l'on coupera les gorges $i\,i$, il faudra ajouter à la longeur du carton la hauteur du couvercle ; on prendra ensuite les morceaux destinés à construire ce couvercle, et on les mettra ensemble. Lorsque les deux gorges sont collées et sèches, on coupe la boîte en deux parties égales ; on place ces deux moitiés des deux côtés inférieurs du piédestal, à la base, où elles seront fixées par des charnières : le piédestal devra avoir été couvert auparavant. Les charnières se font en soie. On met six bandes doubles, d'environ trois quarts de pouce de largeur. On collera trois bandes de chaque côté, de manière que chaque bande tiendra par un côté à la boîte, et par l'autre au piédestal : lorsque les charnières sont sèches, on couvre la boîte.

Les dimensions sont, pour un côté du cube de la pelote, deux pouces carrés ; la hauteur du fuseau est de trois pouces et demi ; celle de la boîte, sans le couvercle, est de quatre pouces, et enfin celle du couvercle à près de deux pouces et demi.

XIII. BOÎTE A OUVRAGE (*pl.* V, *fig.* 1 et 2).

On verra, par le tracé, que la boîte contient dans les compartimens *n n* quatre bobines de taille égale; elles sont là plutôt pour indiquer les compartimens que pour toute autre chose; elles sont mobiles. Entre les compartimens se trouve une pelote bombée. Cette pelote est destinée à fixer l'ouvrage tandis que l'on coud. Il y a aux deux petits côtés de la boîte des compartimens plus petits, *b b*; chacun d'eux contient une pelote à épingles rembourrée et couverte en velours ou en satin. Le compartiment de derrière, C, est vide : on y met les ciseaux, le dé, etc. B, *fig.* 2, représente la boîte fermée.

Les proportions sont : neuf pouces et un tiers pour la longueur; cinq pouces et demi pour la largeur; la hauteur, sans le couvercle, est d'un pouce trois quarts, et la hauteur du couvercle est de trois quarts de pouce.

On trace, on ajuste et l'on colle le couvercle séparément. Le tracé, *fig.* 5, *pl.* VI, représente aussi les côtés du couvercle. La hauteur des côtés *a c* doit être ajoutée à la hauteur de la boîte *a b*. On coupera le carton jusqu'à une certaine profondeur, aux endroits qui doivent former le couvercle, qui est ensuite séparé de la boîte. Ces endroits sont marqués dans le tracé par les lignes pointées *a d*, *g f*, *i k*, et ainsi de suite. On devra couper bien exactement, afin que les extrémités, comme *d* et *g* par exemple, s'unissent exacement lors de la mise-ensemble. Lorsque le tout a été collé et est parfaitement sec, on coupe entièrement le fond, ce qui facilite la séparation du couvercle de la boîte. Pour effectuer cette séparation, on coupera avec un canif court, en suivant les lignes pointées *a d*, *g f* et *i k*; on ne coupera point l'endroit indiqué par la quatrième ligne, qui servira à unir le couvercle à la boîte. Les gorges de la boîte et du couvercle seront couvertes avec une bande de soie aussi longue que les côtés, et suffisamment large pour couvrir les coins. Après cela, il ne restera plus qu'à couvrir la boîte intérieurement et extérieurement avec du papier, ce qui donne plus de force aux charnières.

XIV. Boîte a couleurs. (*Pl.* V, *fig.* 3.)

Cette boîte a quatre compartimens égaux, O et P, C et D. Les deux derniers contiennent chacun quatre boîtes pour mettre des couleurs; les deux autres sont pour l'eau gommée et la colle. Au milieu des compartimens, il y en a un cinquième destiné aux pinceaux. La séparation *g e*, qui divise en deux parties la boîte dans toute sa longueur, sert à prendre et à mettre plus facilement la boîte aux pinceaux. Cette boîte repose sur deux petits supports collés, soit à *g*, soit à *e*, contre les côtés ou au bas des grands côtés du compartiment du milieu, ce qui laisse un espace vide au-dessous, dans lequel on peut serrer la colle à bouche, les entes, le compas, la règle, etc., etc.

Les carrés tracés à l'intérieur du couvercle *i k* représentent une table d'échantillons de couleurs; il y a, sur les côtés, une place suffisante pour écrire les noms.

La construction ne diffère en rien de celle de la boîte à ouvrage, excepté que la rainure pour le couvercle est formée de quatre pièces; chacune d'elles est fixée séparément aux côtés : on collera ensuite une bande de soie à l'intérieur pour renforcer la charnière.

DES ORNEMENS.

Lorsque les meubles de carton sont d'une certaine taille, on peut les orner de différentes manières : le bon goût est le meilleur conseiller que l'on puisse avoir. Ces ornemens sont généralement soit de beau papier de couleur, coupé en bandes étroites, soit du papier d'or ou d'argent, ou des bordures coloriées relevées en bosse; la largeur de ces bandes doit être proportionnée à l'objet auquel on les destine. Il y a des bordures de différentes espèces et de différentes couleurs; les unes sont divisées en deux parties : l'une est unie, et l'autre a des figures diverses, des guirlandes, des zizags, etc. Les autres sont couvertes de rosaces en relief : on peut en faire de fort jolies à l'emporte-pièce en ayant un assortiment de ces instrumens. La *fig*. 3, *pl*. 6, représente quelques échantillons. En plaçant l'emporte-pièce une seconde fois sur une bordure déjà coupée, mais dans une position différente, entre les dentelures par exemple, on peut multiplier les ornemens et en faire de fort jolis : les n°s. 4 et 5 peuvent en donner une idée.

Si l'artiste sait bien découper avec des ciseaux, il gagnera beaucoup : d'abord il aura besoin de beaucoup moins d'emporte-pièces, et il pourra varier ses bordures presqu'à l'infini ; on plie le papier en double ; on le met triple ou quadruple, et on tâche que les dentelures soient égales. C'est ici le lieu de remarquer qu'il est bon d'avoir un grand nombre d'échantillons pour pouvoir en essayer plusieurs et décider celui qui convient le mieux à l'ouvrage. Nous conseillerons pourtant à celui qui ne pourra découper vite et très-bien d'avoir plutôt recours aux emporte-pièces que de perdre à mal découper un temps qui peut être beaucoup mieux employé.

On ne se servira, pour coller les ornemens, que de colle d'amidon bien pur ; on l'appliquera soigneusement : trop de colle peut gâter la bordure ; trop peu ne suffit pas pour qu'elle tienne solidement. Quelques précautions que l'on puisse prendre, il y a des papiers, ceux de couleur tendre et les marbrés, qui se décolorent par la seule humidité, et on court le risque, non-seulement de perdre la bordure, mais encore de gâter tout l'ouvrage. Pour remédier à cet inconvénient, on plongera le papier dans une dissolution claire de colle et d'alun, et on le laissera sécher sur un cordeau avant de l'employer. Lorsque l'on collera les bordures ou les ornemens, on fera bien de ne pas appuyer trop fortement d'abord, afin de pouvoir les placer comme il convient, à l'aide d'un couteau arrondi par le bout. Tout cela doit se faire assez promptement, afin de ne pas donner à la colle le temps de sécher, ce qui empêcherait la bordure d'adhérer.

XV. FLAMBEAU, BOÎTE A BRIQUETS PHOSPHORIQUES, etc. (*pl.* V, *fig.* 8.)

Au-dessus du piédestal A est un cylindre (1) mobile, duquel on peut enlever le flambeau avec une main, tandis que de l'autre on contiendra

---

(1) *Voyez* ce que nous avons dit des cylindres, pag. 22.

la base hexagone *c d*. Ce cylindre contient les allumettes, le briquet phosphorique est placé au-dessous de R, qui est aussi mobile, que l'on ôte et que l'on met de la même manière. A cet effet, on colle dans le centre du couvercle C, du piédestal A, un petit cylindre dont la hauteur est égale à un tiers de celle du flambeau, à partir du piédestal. Ce cylindre repose sur un disque à rebords ronds, construit en carton très-fort, et ce disque lui-même est collé sur un hexagone qui projette un peu. Cette base, donc, est exactement semblable à la base *c d* du piédestal A, et c'est dans ce petit cylindre que l'on place la boîte ou le flacon qui contient, soit le phosphore, soit l'acide sulfurique, suivant le genre de briquet employé.

Au point *e* se trouve un autre petit cylindre qui contient la bobêche *g*, qui nécessairement devra être d'étain, de fer-blanc, de cuivre, etc.

XVI. Petit plateau orné, de forme rhomboïdale (*pl.* V, *fig.* 5).

Ce plateau a la même forme que celui décrit n° 8, page 52. La partie inférieure *a b* consiste en deux pièces de forme rhomboïdale, de carton épais, collées l'une sur l'autre; celle de dessous est plus grande que celle de dessus, et celle-ci est elle-même plus large que la base réelle, de manière qu'elles forment deux gradins. Le cadre *c d*, qui entoure l'ouverture, devra être coupé d'un seul morceau. Le rebord extérieur projette un peu, et forme plusieurs petits arcs représentés dans le tracé *pl.* VI, *fig.* 8. Ce rebord devra être en carton mince.

XVII. Boite a thé, ornée, de forme cubique (*pl.* V, *fig.* 7).

Cette boîte, de forme cubique, est ornée de moulures au haut et à la base. Celle d'en haut consiste en un petit rebord carré surmonté d'un autre en relief. Le premier est collé sur le corps de la boîte : l'autre est formé par la bordure ronde faisant saillie sur le couvercle. La base se compose de deux pièces assez épaisses, collées l'une sur l'autre ; celle de dessus est arrondie aux quatre côtés. Si l'on ne destine pas cette boîte à contenir du thé, il devient inutile de la doubler en plomb.

Le couvercle A B contient un tiroir ; C représente ce couvercle avec le tiroir en partie ouvert. La pièce de devant projette un peu, et la bordure est coupée aux deux bouts pour donner la facilité d'ouvrir le tiroir. Ce tiroir sert à mettre une petite cuillère avec laquelle on mesure le thé : de plus, à la partie supérieure du couvercle D, se trouve un ornement superposé, C.

Les dimensions sont : quatre pouces carrés pour un côté du cube ; la hauteur de la bordure du couvercle est d'un pouce, et la partie superposée du couvercle est d'un tiers de pouce, indépendamment de la hauteur du couvercle lui-même.

On élèvera d'abord les deux pièces de la base, ensuite les quatre côtés, qui devront être collés sur la pièce de dessus de la base, de manière que la moulure et la bordure arrondie saillissent également des quatre côtés. Les quatre pièces qui forment les côtés ne devront pas, par conséquent, être d'une largeur égale. Deux d'entre elles, G, par exemple, et la pièce du côté opposé, qui se trouvent entre les deux autres, devront être plus petites : la différence devra être égale à deux fois l'épaisseur. Le carton employé pour faire le rebord du couvercle pourra être un peu épais; mais celui du tiroir devra être mince. On collera sur le devant du tiroir i m une bande de carton mince d'une longueur égale au côté, mais un peu plus large : enfin on fixera la pièce superposée C sur le couvercle A B, et on ajustera la pièce D.

Les autres ornemens et le bouton sont laissés au choix du jeune artiste.

XVIII. FLAMBEAU A BASE CARRÉE AVEC UN SEUL FRONTON (*pl.* VII, *fig.* 9).

La base ou le piédestal a la forme d'une boîte carrée renversée (*a b*); au milieu de chaque côté se trouvent des ornemens dans lesquels on remarque des dentelures et des doucines. Il y a sur cette base un soubassement cylindrique dont le haut, qui est circulaire, porte une bordure ronde projetant un peu au-delà du cylindre. Au centre se trouve placée la branche cylindrique *f*, qui forme le pied du flambeau. Ce pied ne repose point sur le soubassement, mais sur une guirlande en rosaces surmontée d'une bordure ronde. La bobèche *g*, qui doit être de métal, est mobile et doit s'ajuster exactement dans l'ouverture qui lui est destinée.

Les ornemens des côtés de la base

exigent de la part de l'artiste une attention particulière. (Voir *fig*. 2 A, *pl*. VI.) On coupe d'abord les quatre côtés en carré, puis on dessine et l'on coupe ensuite les dentelures et les doucines ou talons renversés; noms des moulures des pieds. La rosace *c* (*fig*. 9, *pl*. VII) devra être en carton assez épais; on devra consulter la *fig*. 4 B, *pl*. VI, qui représente cet ornement correctement dessiné. On décrira d'abord le cercle, puis on découpera les dentelures avec un ciseau mince, ou on les enlèvera à l'emporte-pièce.

XIX. AUTRE FLAMBEAU A BASE HEXAGONE. (*Pl*. VII, *fig*. 8.)

Le piédestal est un prisme hexagone. Les côtés sont ornés de la même manière que le précédent, les dentelures seulement sont un peu plus longues, et forment, par cette raison, une espèce de feston. Il y a sur la base un ornement en relief; sa forme est un hexagone concave, c'est sur lui que repose le soubassement, qui lui-même est surmonté d'un autre plus petit, sur lequel enfin repose le pied du flambeau. Le haut des deux soubassemens est orné, comme *c* (*fig.* 9), de bordures rondes ; le pied du flambeau et la bobèche sont les mêmes, et sont de la même hauteur. Les côtés de la base hexagone *g c* sont d'un pouce trois quarts ; le diamètre du premier soubassement *a*, est de deux pouces et un quart ; celui du petit, un peu moins d'un pouce trois quarts. On trouvera un tracé exact d'un côté du piédestal hexagone (*fig.* 9, *pl.* VI). Pour faire l'ornement hexagone concave (*fig.* 1, *pl.* VI) qui est placé sur la base, on devra employer un carton, d'une assez forte épaisseur. Cet hexagone qui, comme on se le rappellera, sert de base au grand soubassement, a un pouce et demi, en ligne droite, de chaque côté.

XX. Autre flambeau a base semi-cubique. (*Pl.* VII, *fig.* 6.)

Ce piédestal est formé de quatre pièces : la première, ou celle de dessous, est une figure carrée à quatre faces, *a b* ; la seconde *c d*, a les bords arrondis ; la troisième *i i* est une cannelure, et la quatrième est une autre pièce plate à bords arrondis ; sur celle-ci repose une figure carrée *g f* ; la partie supérieure *g h* est également carrée. La base du pied du flambeau est formée de trois pièces : la première, ou celle de dessous, est carrée, mais les côtés sont coupés en arc ; la seconde a la forme circulaire, et les rebords sont coupans ; la troisième est aussi circulaire, mais les rebords en sont arrondis ; c'est sur elle que repose le pied du flambeau. Ce piédestal est mobile comme celui *fig.* 8, *pl.* V ; la bobèche est mobile, la partie supérieure *o*, est plate, les rebords en sont relevés : le pied est, d'un bout à l'autre, d'une largeur égale : il est ouvert aux deux bouts pour recevoir un morceau de bois rond qui va depuis le bas jusqu'à la bobèche; on peut, au moyen d'un bouton, l'élever à volonté; il est surmonté de trois pointes en fil de fer, et il sert comme brûle-bout.

Il y a aussi une place pour un briquet, sous le pied k, et la base hf est garnie d'un tiroir pour les allumettes.

Les dimensions sont : pour la première pièce du piédestal, c'est-à-dire celle de dessous, de quatre pouces et demi carrés, et, pour la partie supérieure, trois pouces cinq lignes carrés; la hauteur totale du piédestal est d'un pouce, dont cinq pouces sont pris par la largeur de la cannelure ii; le diamètre du pied k est d'un pouce et demi, celui de la bobèche n est de onze lignes; la hauteur du pied est de trois pouces et demi, et celle de la bobèche, seulement d'un pouce. La cannelure ii est formée de trois pièces; pour la faire, on coupera quatre bandes de carton mince de longueur et largeur voulues (*fig.* 4, A, *pl.* VII), échancrées à chaque bout. On les courbera sur une forme, et on les collera sur la pièce *c d*; quand celle-ci sera sèche, on collera l'autre pièce *e f* sur la cannelure, au dos de laquelle on aura collé une bande perpendiculaire de fort carton, d'une hauteur égale; *c d*, se trouve ainsi mieux supporté, puisqu'il y a plus de points de contact. On donnera d'abord à la partie inférieure du pied la forme carrée; on coupera les cotés droits, et l'on dessinera et coupera ensuite les échancrures, *fig.* 3, *pl.* VII.

XXI. ÉCRITOIRE. (*Pl.* VII, *fig.* 5.)

On a donné à cette écritoire la forme d'un château surmonté d'un clocher. La totalité du bâtiment, ainsi que le clocher, reposent sur un mur à deux élévations de hauteurs différentes. La première *a b* est solide, la seconde *c d* est vide et destinée à recevoir un tiroir. Au centre e, on voit un perron de quatre ou cinq marches; il conduit à la principale entrée qui, ainsi que les deux autres portes, est seulement simulée. L'aile droite C n est destinée à recevoir l'encrier; l'aile gauche A m est pour le poudrier; il n'y a point de toit, il est remplacé par une terrasse. La partie supérieure du bâtiment a un balcon $i\,f$, et une porte derrière ce balcon; c'est un seul compartiment à l'intérieur qui descend jusqu'à $m\,n$ et contient la partie inférieure et invisible du clocher. Le clocher H, est mobile et destiné à recevoir des plumes; cette partie H s'ajuste dans la partie G, qui, comme nous venons de le dire, descend jusqu'à $m\,n$: il faut que ces deux parties soient ajustées de manière à avoir une certaine solidité, et que l'on puisse pourtant facilement les ouvrir. La coupole L, et la lanterne k forment le dessus de l'étui, il doit y avoir par conséquent une gorge et un rebord.

La longueur A C, de l'écritoire,

est de cinq pouces trois quarts, la largeur est de deux pouces. Les deux longues marches $a\,b$ et $c\,h$ projettent de trois lignes; la hauteur de la première est de deux lignes, et la seconde est de trois quarts de pouce; la hauteur totale, sans les marches, c'est-à-dire de $m\,n$ à G, est de trois pouces neuf lignes. La partie supérieure G a deux pouces et une ligne carrés; le clocher K a un pouce neuf lignes carrés : la hauteur du clocher, de G à la coupole, est de quatre pouces et demi; la hauteur de la coupole à la lanterne est d'un pouce huit lignes, le reste a trois pouces trois lignes. Quant à la construction, on commencera, comme cela se fait généralement, par la partie principale. La façade, non compris le clocher et les marches, ne forme qu'une seule pièce avec G; le mur de derrière se coupe absolument de la même manière; entre les deux murs, il y a deux divisions perpendiculaires $o\,m$; et $p\,n$, dont la longueur est également d'o à m, et de p à n, elles forment l'encadrement de la partie inférieure du clocher. Lorsque l'on coupera les petits côtés A c et C h, il ne faudra point oublier qu'ils ont des dessus à coulisse, qui forment la terrasse au-dessus des deux ailes de l'édifice. Le devant de la grande marche $c\ d$ est ouvert pour recevoir un tiroir. Le perron e est formé de quatre ou cinq morceaux semi-circulaires de carton épais, placés les uns sur les autres à la manière des marches d'un escalier. La première marche est attachée à la base $a\ b$, et forme par rapport à elle une projection semi-circulaire : il n'en est pas de même de la seconde, ni des autres, elles sont toutes collées sur le tiroir ; ce tiroir devra être facile à tirer et à pousser. Il faudra faire au fond de la seconde marche une petite ouverture, et l'on y collera un ruban dont on pourra, du reste, cacher le bout. Le balcon $i\ f$ est une saillie demi-circulaire, comme les terrasses A C, et est entouré d'une balustrade. La partie G a aussi, tout autour, une saillie de quelques lignes, qui est ornée dans le même genre.

Lorsque toutes les parties que nous venons de décrire, seront complètes et bien sèches, on fera le clocher qui n'offrira aucune difficulté. Les côtés de la coupole ont une double courbure. On tracera d'abord la figure carrée (*fig.* 1, *pl.* VII). La longueur d'un de ces côtés n'égale pas tout-à-fait six lignes. La coupole est voûtée à la partie supérieure ; à la partie inférieure, elle est évidée ; le plus ou moins d'exactitude du tracé et de la coupe de la coupole dépendra du tracé des côtés *a b* (*figure* 1, *planche* VII). La lanterne *k* est formée de quatre pièces collées perpendiculairement l'une sur l'autre, sur le carré de la coupole. Une petite pyramide à quatre côtés, mais sans base, formant le toit de la lanterne; cette pyramide est vide, mais afin de pouvoir fixer la pointe et la boule, on la remplira de cire ou de résine, dans laquelle on fixera un fil de fer que l'on aura d'abord chauffé. Si on le préfère, on fera le toit en bois, et la pointe s'y fixera aisément. La boule est à peu près de la grosseur d'un pois ; on pourra la faire en cire. La gorge de la coupole, au moyen de laquelle elle s'ajuste sur la tour et lui sert comme de couvercle, est une sorte de caisse avec une ouverture traversant de part en part ; les côtés sont coupés conformément à la circonférence du clocher, on la colle dans la partie supérieure de la coupole.

XXII. BOÎTE DE PENDULE DE LA FORME D'UN MONUMENT FUNÉRAIRE (*Pl.* V. *fig.* 6).

Le cube du piédestal A B repose sur trois pièces inégales, qui forment trois marches de différentes hauteurs. C'est un parallélipipède dont la base est une figure à quatre faces et à deux côtés égaux. La pièce de dessus A C est bombée, il y a une autre petite pince mince qui y est jointe. Sur la partie supérieure du piédestal, s'élève la base E L, de la colonne G. Cette base est formée des trois pièces carrées placées l'une sur l'autre, celle du milieu est beaucoup plus mince que les autres. Immédiatement au-dessous de la colonne, on voit une pièce ovale qui fait un peu saillie, aux coins de la troisième pièce, il y a des supports ornés qui portent de l'autre bout sur la colonne. La colonne est unie, surmontée d'une corniche, et enfin d'une urne N. Cette partie est formée de trois pièces; les deux plus larges, celles de dessous, sont ovales; la dernière, plus petite, est circulaire, c'est sur elle que repose l'urne.

Il y a dans ce meuble, non-seulement place pour une montre ou une petite pendule, mais encore pour une écritoire. Le devant du cube A B, au centre duquel on voit un rond P, n'a aucune liaison avec les autres pièces de côté, mais avec une autre boîte que l'on peut enlever à volonté. Cette boîte D (*planche* V, *fig.* 9), est divisée en *a b* en deux compartimens inégaux. Celui de devant $b\ c$ est destiné à recevoir la montre ou la pendule. Si l'on y met une montre on placera au fond un petit ressort pour la contenir en avant. L'autre compartiment $a\ d$ est deux fois aussi large que celui de devant; il est divisé horizontalement en deux parties inégales; la partie supérieure qui a peu de profondeur, servira pour la cire à cacheter, le canif, le cachet, etc.; celle de dessous a, au-dessous de $d\ b$, une ouverture carrée, avec un tiroir, dont la longueur est égale à la largeur de la boîte $a\ b$. On voit (*fig.* 9) ce tiroir un peu ouvert en $e f$. Il y a encore là deux compartimens égaux, l'un pour l'encrier, l'autre pour la boîte à poudre; au milieu sur le devant, on placera un petit ruban. La colonne G (*fig.* 6) est creuse, il y a un couvercle qui joint au-dessous de l'urne, elle peut servir d'étui pour les plumes.

La longueur du cube est de cinq pouces et demi; la largeur est de quatre pouces deux lignes; la hauteur, sans le couvercle, est de trois pouces. La base $s\ t$ a six pouces neuf lignes de long, cinq pouces quatre lignes de large, et huit lignes de haut. La longueur de la base du pilier est de quatre pouces deux lignes; sa largeur est de trois pouces une ligne : sa hauteur est de quatre lignes : celle de dessus a la même hauteur. Le plus petit diamètre de la colonne ovale est d'un pouce dix lignes; le plus grand de deux pouces et demi à l'ouverture; la hauteur de la colonne est de six pouces.

L'anneau placé autour de l'ouverture circulaire P est fait de carton fort mince; on le fera au compas droit, par deux coupes concentriques, dont la distance entre elles déterminera la largeur de l'anneau. On en rabattra les bords, on le lavera à l'eau gommée, et lorsqu'il sera sec, poli, et peint en noir, on ajoutera une bordure étroite en or, relevée en relief ou autrement.

Le ressort qui doit contenir la

montre est représenté (*planch*. VII, *fig*. 11), par les lignes *a*, *c*, *b*; on le fixe au fond du compartiment avec de la colle-forte, et on place dessus, aussi avec de la colle-forte, une petite bande de carton. L'urne N, au haut de la colonne, sera mieux en bois tourné qu'en carton.

XXIII. CORBEILLE OVALE A JOUR.
(*Pl*. VII, *fig*. 7.)

Dans ces sortes de corbeilles, l'attention doit se porter principalement sur les montans qui forment l'ouvrage à jour, sur la base pleine, et formée des cerceaux *a b c d*, et sur le fond *c d* aussi à jour. On pourrait, il est vrai, faire le fond plein; mais en faisant le fond à jour, on facilite de beaucoup le travail, et cela est aussi beaucoup plus élégant. On commencera par établir la base, car c'est de là que partent, et c'est là que sont attachés tous les montans.

Pour construire cette base, on

coupera deux pièces ovales de différente grandeur : la petite sera pour le bas, la plus grande pour le haut. la plus grande longueur de celle-ci est de sept pouces trois quarts, sa plus grande largeur de cinq pouces et demi ; le diamètre de la plus petite est, en longueur, de cinq pouces seulement, et, en largeur, de trois pouces quatre lignes. Pour obtenir un ovale d'une dimension donnée sur le carton, on tirera une ligne droite de la longueur voulue pour l'ovale ; on la divisera en deux parties égales, et on tirera en la faisant passer au point de division, une autre ligne qui coupera la première à angle droit et juste au milieu ; on donnera à cette seconde ligne la largeur voulue. Toutes les superficies de l'ovale se trouvent divisées en quatre parties égales. Ces pièces ovales, qui devront être de carton fort, serviront de patron pour les deux cerceaux *a b* et *c d*, dont la hauteur est de huit lignes. On les fait comme des cylindres, en carton mince, et on les lie ensuite au moyen de quatre bandes principales cc; celles-ci, aussi bien que les cerceaux, ont huit lignes de largeur; leur hauteur est égale à celle de la corbeille, c'est-à-dire, de deux pouces huit lignes. Il faudra cependant ajouter un peu à la longueur, à cause de la courbure qu'on leur fait subir. On les courbera aisément soit à la main, soit à l'aide d'un rouleau. Quel que soit le surplus de longueur donnée, il faudra prendre note de la longueur totale avant de les plier, parce que les petites bandes doivent toutes avoir la même longueur. Avant la mise-ensemble de la base, on collera sur le grand cerceau ab, un petit rebord de carton de la taille des bandes, de manière que son rebord soit égal en hauteur avec le rebord supérieur du cerceau : la largeur du rebord devra être égale au tiers de la largeur du cerceau. On fera la même chose à l'égard du petit cerceau; seulement ce sera au-dessous et non au-dessus du cerceau, que l'on collera ce rebord. On pliera angulairement les principales bandes *e e* à l'endroit où elles se joignent au cerceau d'en haut ; la longueur de ce pli devra être égale à la largeur du cerceau, en le mesurant de la bordure d'en bas au rebord d'en haut. Il ne sera pas utile que le pli soit très-marqué. On marquera sur le cerceau d'en haut la place où doivent être collées les principales bandes, de manière que la corbeille se trouve divisée en quatre parties égales. On parviendra à déterminer ces points en mettant dans le cerceau un ovale sur lequel les extrémités des deux lignes qui se coupent mutuellement, indiqueront les points du cerceau où la jonction doit avoir lieu. Quand on se sera assuré que les quatre principales bandes ont le pli convenable, on les collera sur le cerceau, et, pendant qu'elles sécheront, on coupera les petites bandes; on placera alors le cerceau *a b*, renversé sur la table, de manière que les extrémités des bandes *e e* soient en l'air; on y mettra de la colle et on placera dessus le cerceau $c\ d$. On coupera les petites bandes sur le même morceau de carton que les grandes, ce carton ne devra pas être plus épais que trois feuilles de gros papier collées ensemble. On les courbera et on les pliera, de même que les autres. On collera les bandes sur le cerceau d'en haut à distances égales, mais on remarquera qu'elles vont graduellement en diminuant vers la base c et d, *fig.* 7.

Aussitôt que les bandes seront fixées, on couvrira les deux cerceaux $a\ b$ et $c\ d$ avec du papier glacé très-fort, d'une largeur égale; ce papier servira aussi à renforcer les bandes. On percera avec un poinçon le cerceau d'en haut aux deux extrémités, afin d'y placer les deux petits anneaux $i\ i$, dans lesquels on aura passé d'abord les deux grands $n\ n$. On fera bien de se rappeler que ces anses sont là plutôt pour ornement que pour utilité. On pourra coller sur les bandes des bordures, ou y peindre des fleurs; enfin avec du goût, on pourra faire de cette corbeille un petit meuble fort élégant.

XXIV. URNE A JOUR. (*Pl.* VII, *fig.* 10).

Les dimensions de cette urne sont pour la perpendiculaire *a g*, hauteur de l'urne, non compris le piédestal ni le dessus, de cinq pouces trois quarts; pour la largeur du cerceau d'en haut *d b*, onze lignes; pour son diamètre intérieur, quatre pouces et demi; quant au cerceau *e f*, il a à peu près le même diamètre, mais il a trois lignes de large; le troisième ou le collier *g*, qui sépare l'urne du piédestal, a huit lignes de largeur, et seulement quatre lignes de diamètre. Le piédestal a près de deux pouces de haut; sa base est formée de deux fortes pièces circulaires *m n* d'un diamètre inégal; le diamètre de celle d'en bas est de trois pouces cinq lignes. *o g* sont des ornemens qui servent à joindre les extrémités des anses *a c* à l'urne. La partie inférieure de l'urne au-dessus de *g* est ornée tout autour de feuilles oblongues ; cet ornement sert aussi à renforcer l'ouvrage à jour. Le couvercle L a deux pouces de haut; il est surmonté d'un petit ornement orbiculaire, et se termine par un disque *i* qui a un petit rebord rond en saillie.

L'urne n'ayant point, comme la corbeille, de larges bandes attachées aux cerceaux, il faudra nécessairement se servir d'une forme (*fig.* 2, *pl.* VII). A B est un fuseau cylindrique, avec trois pièces circulaires *c d*, *e f* et *g h*; c'est avec ce fuseau que l'on donnera à l'urne, dans la partie comprise entre le dessus et le pied, la forme requise. Chacune des pièces a au centre un trou rond pour recevoir le fuseau A B, que l'on pourra considérer comme l'axe commun de ces pièces et des cylindres *n n* et *i i*. Afin de fixer *c d*, *e f* et *g h* dans une position parfaitement rectangulaire à l'égard de leur axe, on coupera quatre autres morceaux de carton fort, mais plus petits; on les percera au milieu, et on les joindra aux autres pièces : le premier au-dessous de cd, le second au-dessus de gh, le troisième au-dessus, et le quatrième au-dessous de ef; ils s'ajusteront aux cylindres nn et ii. Le disque cd est pour le grand cerceau de l'urne (*fig.* 10), ef pour le petit cerceau, ef et gh pour le collier og; on fixera les bandes dessus. Ces trois cerceaux seront placés sur les disques qui leur correspondent cd, ef et gh, mais sans y être collés; on placera horizontalement et on assujétira tout le cadre dans un écrou. Avant tout, on divisera le cerceau sur le disque gh (*fig.* 2), en deux coulisses égales, au moyen d'un petit rebord en saillie, collé au milieu; on fixera un rebord semblable à la partie supérieure du cerceau cd. Ces rebords devront être de la même épaisseur que les bandes que l'on collera alors l'une sur l'autre, après toutefois qu'on les aura courbées angulairement. On placera les trois bandes, une à la partie supérieure de la grande coulisse où cerceau $c\,d$, l'autre au petit cerceau $e\,f$, et la troisième au-dessous de la coulisse d'en haut du cerceau $g\,h$. On devra les placer droites et également espacées l'une de l'autre.

Afin de fixer le piédestal, on placera sur le fuseau, au-dessous de $g\,h$, à la distance convenable, un quatrième disque de deux pouces dix lignes de diamètre, on lui donnera la position convenable, au moyen d'un cylindre qui sera égal en hauteur et en largeur à $n\,n$ (*fig.* 2). Ce disque sera entouré par un cerceau qui deviendra ensuite partie du piédestal $m\,n$ (*fig.* 10). On devra renforcer tous les cerceaux avec une bande de carton mince ou de papier fort ; $d\,b$ seul devra être couvert avec un carton plus épais, de manière qu'il soit sensiblement plus élevé. On pourra alors retirer le cadre ; mais il faudra user de précaution. Ce sera le moment de placer la pièce du bas du pied, sa forme est celle d'un cylindre court, le côté n'aura que cinq lignes de haut, il aura un fond solide à la partie supérieure. On ajoutera une plaque de plomb qui sera couverte en carton; cela donnera plus de solidité et de poids au piédestal.

Les anses ont trois quarts de pouce de largeur par le haut; elles vont progressivement en diminuant vers la fin jusqu'à cinq lignes. On les renforcera par une bande collée en long. Les feuilles placées au bas de l'urne devront être plates à l'intérieur; on emploiera pour les coller de la colle très-forte, parce que les bandes offrent peu de points de contact. On devra placer à l'intérieur du cerceau $d\,b$ une gorge pour le couvercle, et, pendant qu'elle séchera, on aura soin d'y placer un morceau de carton circulaire, afin qu'il ne perde point sa forme. On fera le couvercle sur la forme, de la même manière que le pied. Les supports o seront collés contre le collier g; celui-ci est orné à chaque bout de rebords arrondis; la moitié est collée sur les supports et les renforce, et l'autre moitié sur le collier. Cette extrémité des anses est pliée du côté opposé à l'urne ; elles sont attachées aux supports par de petits fils de fer, et pour cela on les aura percées avec un poinçon.

Nous croyons inutile de répéter ici ce que nous avons dit dans l'article précédent, relativement aux ornemens ; on peut peindre les bandes, les dorer ; on peut aussi peindre les feuilles et les relever en bosse ; enfin, il faut que l'artiste ait du goût et qu'il le consulte.

APPENDICE.

Lorsque l'élève aura acquis une connaissance pratique de l'art dont nous venons de donner les principes, un vaste champ dans lequel il pourra déployer toutes les ressources du talent et du goût, sera ouvert devant lui. Lorsqu'il sera parvenu à construire avec précision, et exactitude les corps géométriques (les cinq solides réguliers qui se trouvent dans la sphère), et les différens objets dont ces figures sont la base, il pourra entreprendre des modèles d'une exécution plus difficile; il y fera l'application de la pyramide, du cône, de la sphère, du cylindre et de toutes leurs modifications.

Avant de donner une idée des objets nouveaux que l'on pourra construire en carton, nous croyons devoir avertir qu'il faudra être pourvu d'un grand fonds de patience, et mettre à contribution tout ce que l'invention et la dextérité ont de ressources. On devra dessiner les figures correctement, apprendre à donner au carton toutes sortes de contours. Le collage n'est pas la partie qui offre le moins de difficulté; il faut que toutes les jointures soient solides, mais il faut aussi que ces jointures soient imperceptibles à l'œil, et pour cela on ne devra employer que la quantité de colle absolument-nécessaire; autrement l'objet sera défiguré. Bien pénétré de ces principes, on pourra entreprendre la construction de modèles d'architecture; des temples, des tours gothiques, des monumens pourront s'élever sous la main de l'artiste. Dans les limites que nous nous sommes prescrites, il ne nous sera possible de donner que des notions générales, et de signaler les méthodes qui réussissent le mieux. Pour donner une description détaillée d'un seul monument un peu compliqué, expliquer tous les tracés, toutes les parties, tous les ornemens, il faudrait un volume plus considérable que ce traité; et, après tout, nous croyons que le but ne serait pas rempli, car, malgré tout ce que nous pourrions dire, les formes sont tellement variées que le nombre de celles que nous serions contraints d'omettre, serait encore très-considérable.

Temple d'ordre ionique. Frontispice. (*Planche* VIII, *placée en tête de l'ouvrage.*)

En imitant ce modèle on devra augmenter considérablement l'échelle, et employer de très-beau carton; les fûts des colonnes, et quelques-uns des ornemens, sont en papier à dessiner. On fera bien de se pourvoir de cartons de différentes épaisseurs; on devra avoir grand soin que la base, le cube, les fûts, soient parfaitement de niveau et d'aplomb; autrement il arriverait qu'à la mise-ensemble les colonnes ne seraient pas perpendiculaires. On devra faire les murs avec un carton très-fort, ou même en planche mince, du fort placage d'ébénisterie, par exemple, si l'on construit sur une très-grande échelle. On couvrira ces planches en beau papier à dessiner. Nous n'avons pas besoin de dire ici que l'on devra tracer et couper les niches, les portes et les fenêtres avant la mise-ensemble : ce sera aussi le moment de coller les ornemens et les moulures, afin de pouvoir les poser et les joindre plus à l'aise ; mais, avant cela, on devra mesurer exactement au compas les places qu'ils doivent occuper, et on les marquera au crayon. Pour donner plus de solidité à l'édifice, on placera à l'intérieur des supports en carton, dont une extrémité sera placée contre le mur, et l'autre angulairement sur le plancher.

Si l'on peut parvenir, malgré le peu de renseignemens que nous allons donner ici, à bien imiter ce modèle, on aura déjà vaincu beaucoup de difficultés, et l'on pourra espérer, à l'aide de la géométrie et de l'imagination, de pouvoir construire des édifices de toute espèce et de toute dimension.

PIÉDESTAL. Les parties principales du piédestal sont : la base, le dé et la corniche. La base *a* (*fig.* 1, *pl.* VIII) est un parallélipipède ou corps à six faces rectangulaires, dont les côtés opposés sont égaux et parallèles. Le tracé sera semblable à celui du cube; seulement ses côtés parallèles ne seront pas carrés, mais oblongs. On le joindra avec du papier fin que l'on collera à l'intérieur du tracé, avant la mise-ensemble. Lorsque les côtés seront bien joints et parfaitement secs, on formera les angles au moyen de petits rebords; on les frottera légèrement avec un pinceau plongé dans une composition faite avec du blanc d'Espagne pulvérisé et de l'eau gommée. Les interstices se trouveront ainsi bouchées. On tracera les parties b (*fig.* 1), qu'il est inutile d'énumérer ici, à même un carton solide, mais qu'avant tout on aura mis sous presse pendant au moins douze heures; et on ne devra le couper que lorsqu'il sera bien sec. La coupe la plus difficile sera celle des moulures du piédestal. Disons maintenant quelques mots du cube c (*fig.* 1 et 2). C'est, pour le tracé, comme on le sait déjà, une surface plane à six côtés. Ce cube ou dé est beaucoup plus haut que large; et, pour en avoir les proportions, déterminées par le module, c'est-à-dire, par le demi-diamètre de la partie inférieure du fût de la colonne, il faudra avoir recours à un traité d'architecture. La mise-ensemble et le collage sont les mêmes que pour la base; les angles sont formés de la même manière et lavés avec la même composition. La corniche d, au-dessus du cube (*fig.* 2), est composée de moulures qui seront coupées comme celles de la base, afin que, lorsqu'elles seront jointes, elles puissent former une figure semblable; seulement elles seront renversées; le petit carré sera en bas, et le grand en haut. Le plan du dé c est un carré parfait.

On pourra placer les colonnes de plusieurs manières. On peut, par exemple, en mettre deux de chaque côté de la porte. Dans ce cas, elles devront avoir un piédestal commun : c'est ce qu'on appelle un stylobate. Les règles de l'espacement des colonnes, qu'on nomme *entre-*

colonnement, se fixent également par le module, et demandent, pour être connues, une étude de l'art de l'architecte (1).

Fut (2). Le fût (*fig.* 3 *et* 4) est fait en papier à dessiner épais ; on le construit et on le joint par les mêmes moyens employés pour la formation des cylindres (page 24). Il sera facile de les canneler avec un instrument à gauffrer semblable à celui dont les repasseuses se servent pour gauffrer les collerettes, mais beaucoup moins creux. L'instrument devra avoir au moins dix-huit cannelures par pouce. Il vaudra mieux avoir donné au papier la forme cylindrique avant de canneler; autrement les plis disparaîtraient lorsqu'on le mettrait sur le rouleau. On tracera d'avance des

---

(1) On trouve chez Audot, libraire, rue des Maçons-Sorbonne, n°. 11, un petit ouvrage intitulé *le Vignole de poche*, dans lequel toutes ces règles sont très-clairement exposées.

(2) Le fût est la partie de la colonne entre le socle et le chapiteau.

(*Note du traducteur.*)

lignes pour marquer la hauteur à laquelle le fût doit être cannelé. Les cannelures doivent commencer un peu au-dessus de la base de la colonne, et finir au chapiteau. Le chapiteau g (*fig* 4), et les moulures de la base h (*fig.* 3) seront facilement imités en collant adroitement des morceaux de cordonnet blanc de différentes grosseurs autour du fût. Lorsque ces cordonnets seront parfaitement secs, on passera dessus trois ou quatre couches de la composition dont nous avons parlé précédemment.

Chapiteau. Le chapiteau g (*fig.* 4) est coupé à même le morceau qui a fourni le fût. Il est orné de volutes, comme on le voit à i (*fig.* 4). Pour faire cet ornement, on tracera correctement les lignes courbes au compas et au crayon, et alors on frisera une petite bande de papier large d'environ un demi-pouce et un peu plus, avec le dos d'un couteau. On collera la bande ainsi frisée sur les lignes tracées, bien entendu que ce ne sera point à plat qu'il faudra la placer, mais sur une de ses tranches. Lorsque la colle sera sèche, on passera une ou deux couches de composition dessus. L'ornement k, ainsi que tous les ornemens de cette espèce, devra être en relief; on fait les reliefs avec des espèces de roulettes. Lorsque les ornemens seront placés et entièrement fixés, on terminera ce qui reste à faire au fût; c'est-à-dire, on joindra les cylindres et on élèvera les colonnes. On emploiera de bonne colle-forte : c'est là que l'artiste aura besoin de toute son attention.

Entablement. L'entablement est composé de la réunion de l'architrave, de la frise et de la corniche. On fera l'entablement l avec de petits morceaux de carton de différentes largeurs et de différentes épaisseurs; on les collera contre l'édifice, au-dessus du chapiteau, de manière à représenter une saillie composée de diverses moulures, dont les unes seront concaves, tandis que les autres seront arrondies et semi-cylindriques. Il est inutile d'entrer dans un détail minutieux ds différentes subdivisions de l'archittrave et de la corniche, parce qu'il est presqu'impossible de les imiter parfaitement dans un ouvrage en carton sur une petite échelle. Il suffira de dire ici que toutes les parties de l'entablement doivent être graduellement de plus en plus larges, depuis l'architrave jusqu'à la corniche. Celle-ci est la partie la plus haute de l'entablement, et elle est en saillie plus que toute autre.

Si l'on voulait modeler en grand des monumens, cela supposerait nécessairement, dans l'auteur d'une pareille entreprise, des connaissances non-seulement en cartonnage, mais encore en architecture, et nous renverrons ceux qui désireront avoir une idée de cet art à l'ouvrage élémentaire d'architecture que nous avons indiqué page 113.

On se sera pourvu, comme nous l'avons déjà dit, de cartons de différentes épaisseurs. On coupera les moulures avec un canif qui ne se ferme point; on gagnera beaucoup de temps en coupant les bords unis et à angles droits, concaves ou convexes, suivant le besoin, avant de séparer les petites bandes du grand morceau. Ces saillies seront collées avec de l'eau fortement gommée ou de la colle, sur des lignes que l'on aura tracées à l'avance.

Fronton. Le fronton *m* ne présente que peu de difficultés; il est principalement formé de trois morceaux de carton d'un huitième de pouce d'épaisseur, et d'un quart de pouce de largeur. Ils servent à former en saillie les trois côtés du triangle. Les dimensions que nous venons de donner varient nécessairement suivant la grandeur du fronton et l'échelle sur laquelle on a fait le modèle. Les parties les plus difficiles à bien couper et à bien joindre sont les points de jonction *m. m m*. Aux trois angles, les extrémités doivent être coupés en équerre, et si uniformément que la jointure soit invisible. Deux autres morceaux de carton, un peu plus étroits que les précédens, et beaucoup moins épais, devront être collés des deux côtés du fronton, au-dessous de *m m*. La figure *n* est une couronne de papier en relief collée au centre du fronton. Si l'on ne pouvait se procurer cet ornement, on pourra en mettre un autre, pourvu qu'il ait de l'analogie avec le reste de l'édifice. Au moyen des instrumens dont nous avons parlé pour faire les reliefs, et des emporte-pièces, on peut varier les ornemens de cent manières, et s'épargner beaucoup d'ouvrage; il faut avant mouiller un peu le carton et le soumettre à une grande pression : l'impression sera beaucoup plus parfaite.

Nous n'avons pu donner que des préceptes généraux et que des indices : c'est tout ce que nous avions promis à l'égard des modèles d'architecture; mais nous sommes persuadés qu'ils seront plus que suffisans pour ceux qui ne feront de l'art du cartonnage qu'un amusement : le génie et la persévérance de ceux qui voudront aller plus loin, feront le reste.

FIN.

TABLE.

	Pages.
PRÉFACE.	v
Observations préliminaires. Outils.	9
De la manière de couper.	15
Manière de tracer des diagrammes sur le carton. Pyramide.	17
Cône.	18
Globe.	20
Des cylindres.	24
De la manière de colorier, de vernir, de dorer, etc.	33
Modèles à imiter en carton.	43
I. Panier en hexagone régulier.	44
II. Panier oblong de même, à six côtés.	47
III. Panier à six côtés réguliers, ayant une anse, et les côtés cintrés.	50
IV. Panier oblong à quatre côtés.	52

Pages.

V. Panier de forme conique, à anse. 53
VI. Petit panier dont la forme ressemble à la fleur du cobéa. 54
VII. Boîte à vers à soie, etc. 57
VIII. Plateau de forme rhomboïdale. 58
IX. Boîte à ouvrage portative. 59
X. Boîte à thé de la forme d'un prisme. 62
XI. Écritoire. 65
XII. Pelote de forme cubique, dévidoir. 67
XIII. Boîte à ouvrage. 71
XIV. Boîte à couleurs. 73
Des ornemens. 74
XV. Flambeau. Boîte à briquet phosphorique. 77
XVI. Petit plateau orné. 79
XVII. Boîte à thé ornée. *ibid.*
XVIII. Flambeau à base carrée. 82
XIX. Autre flambeau à base hexagone. 83
XX. Autre flambeau à base semi-cubique. 85
XXI. Écritoire. 87

TABLE.

	Pages.
XXII. Boîte de pendule, etc.	92
XXIII. Corbeille ovale à jour.	96
XXIV. Urne à jour.	101
Appendice.	106
Temple d'ordre ionique.	109
Piédestal.	110
Fût.	113
Chapiteau.	114
Entablement.	115
Fronton.	117

FIN DE LA TABLE.

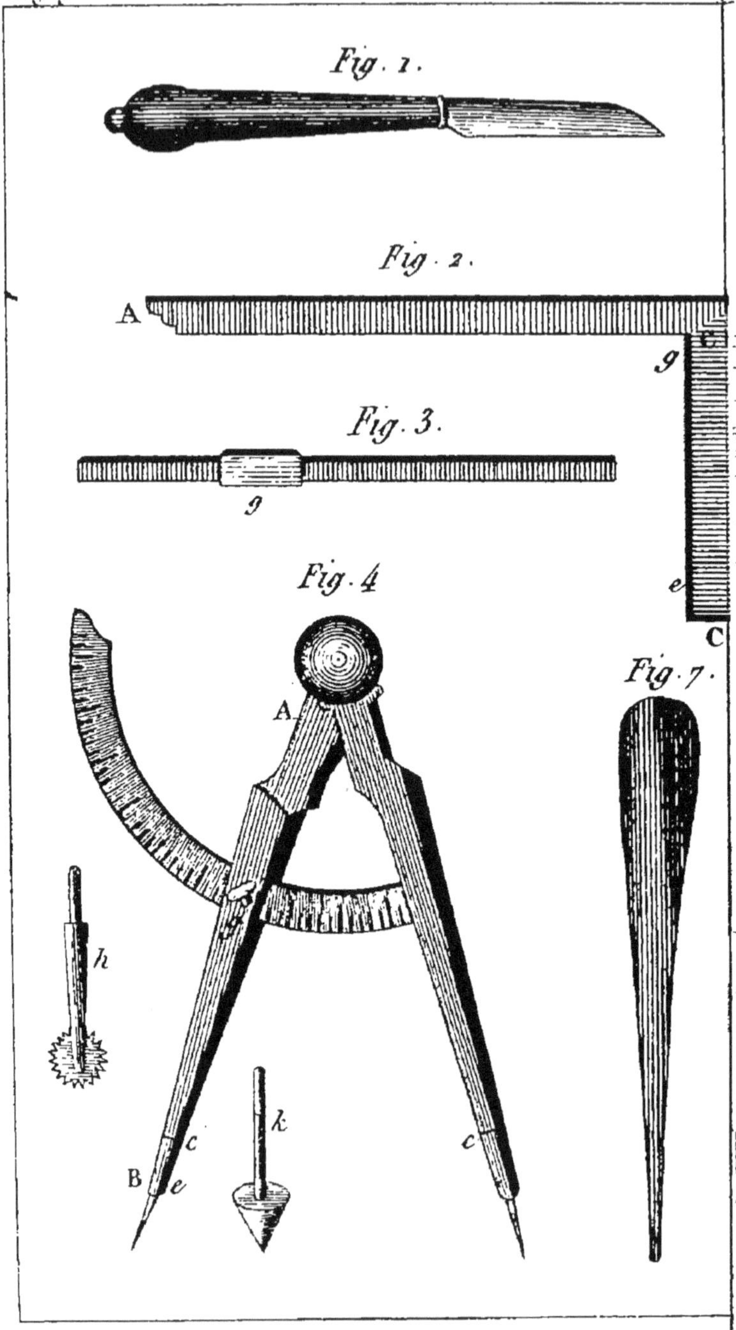

Pag. 9.

Fig. 1.

Fig. 2.

A   C
                                            g

Fig. 3.

                g

Fig. 4.

A

h

B c
   e

k

Fig. 7.

c

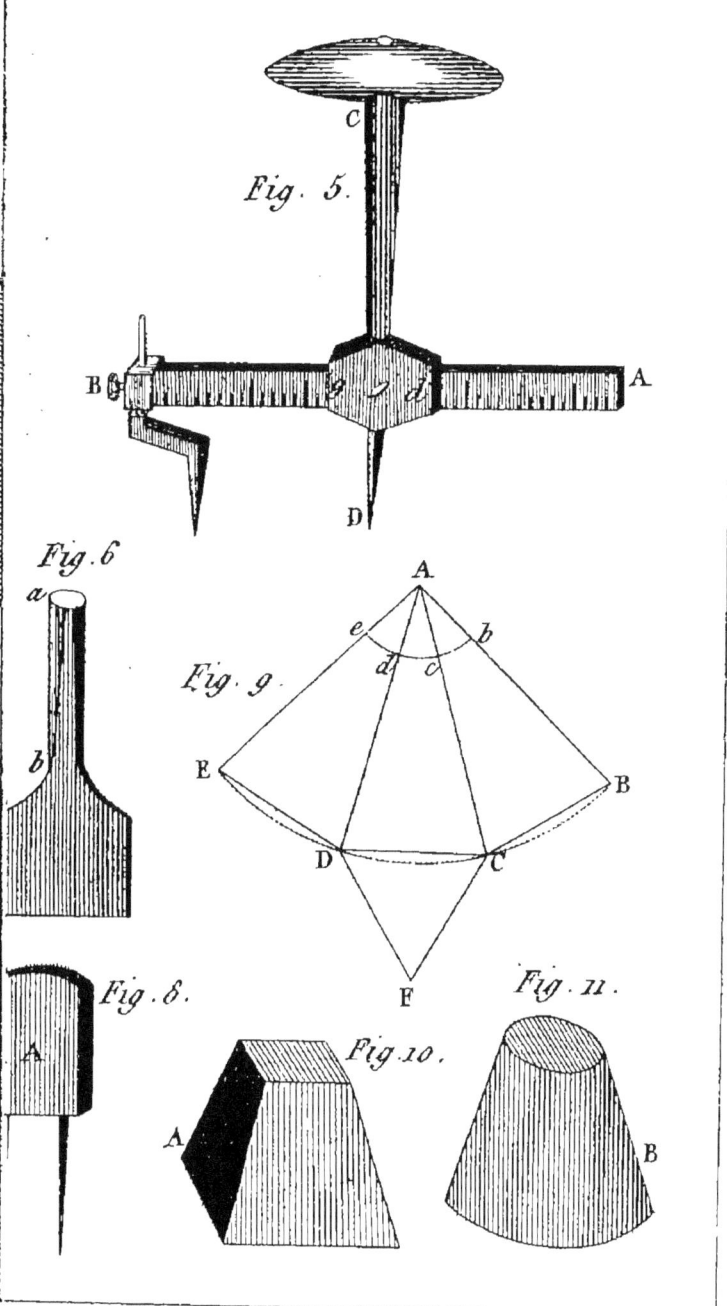

N.L. Rousseau Sculp.

Pag. 84.

Fig. 1.

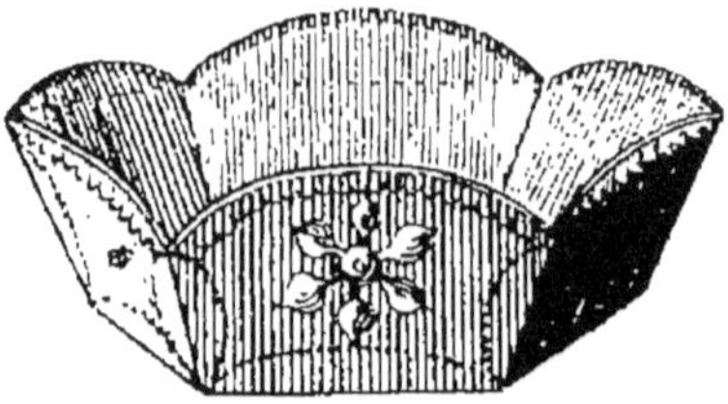

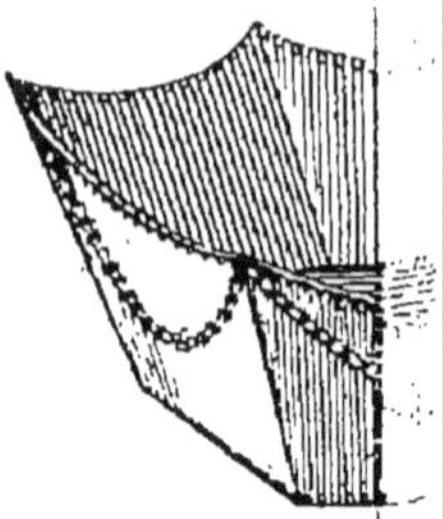

Fig. 4.

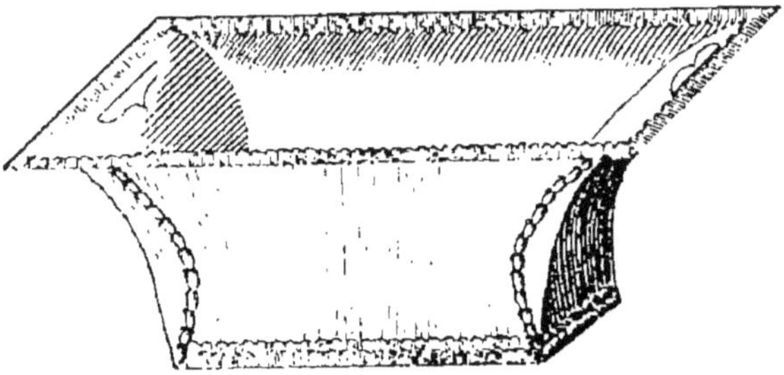

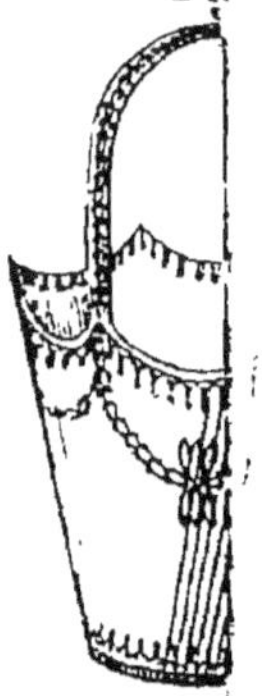

Fig. 7.

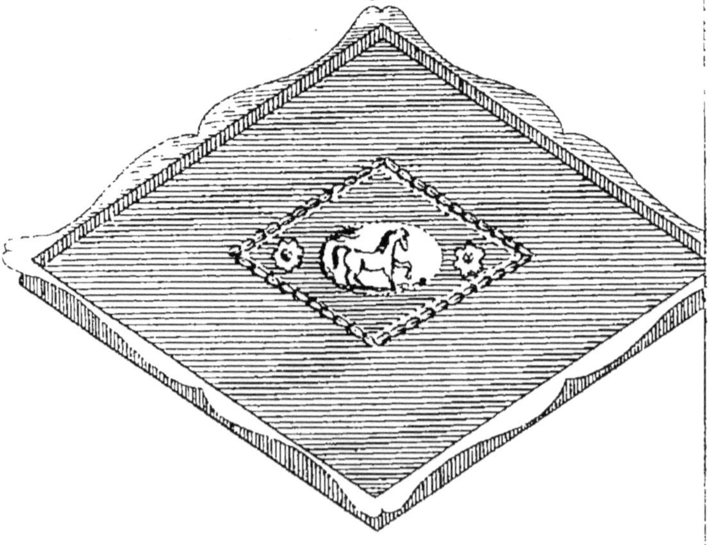

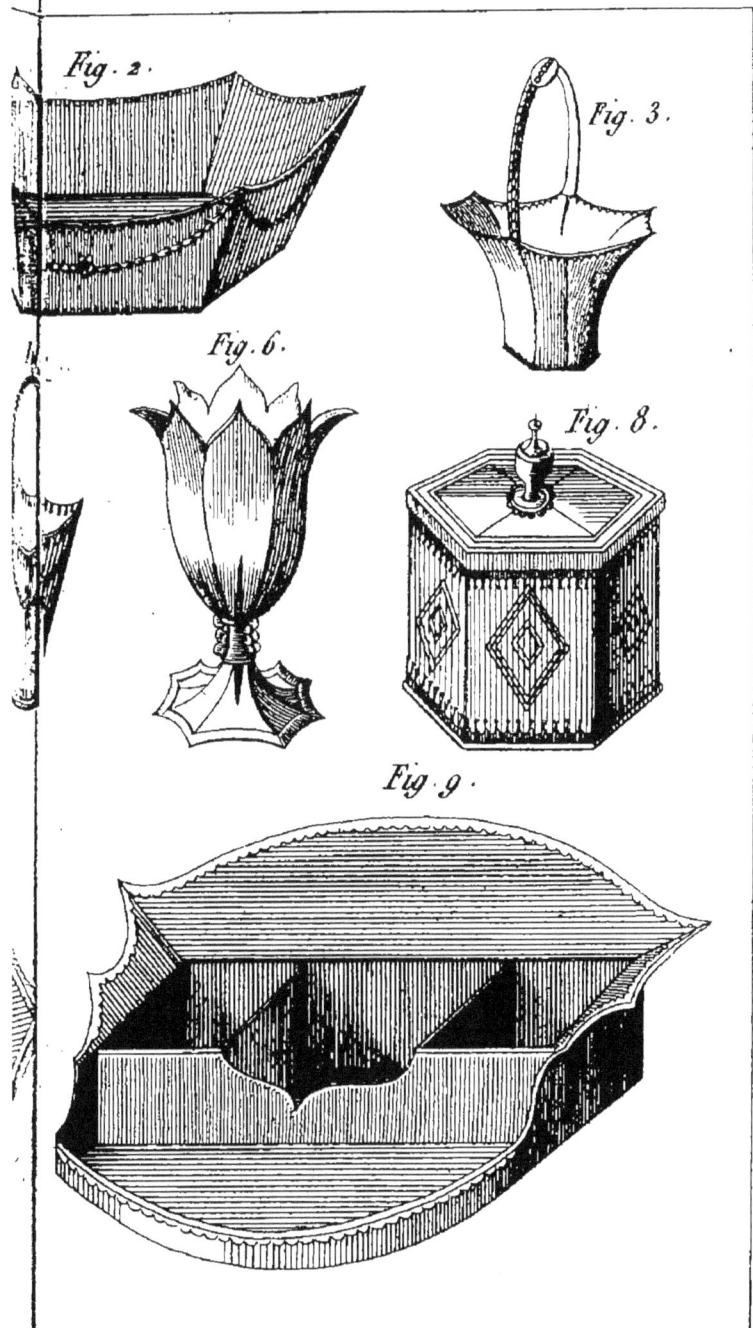

Pl. 2.

N. L. Rousseau Sculp.

Pag. 40.

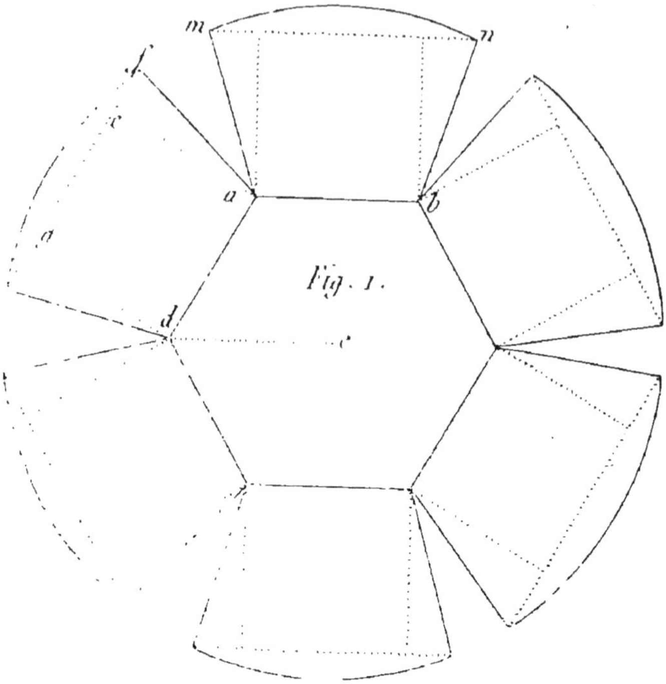

Fig. 1.

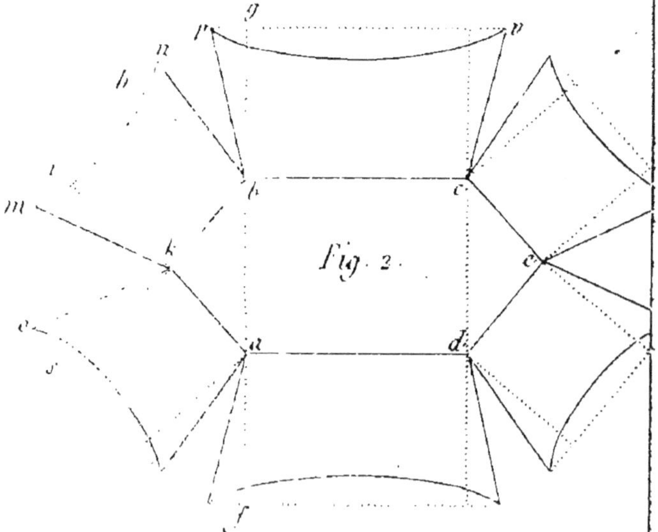

Fig. 2.

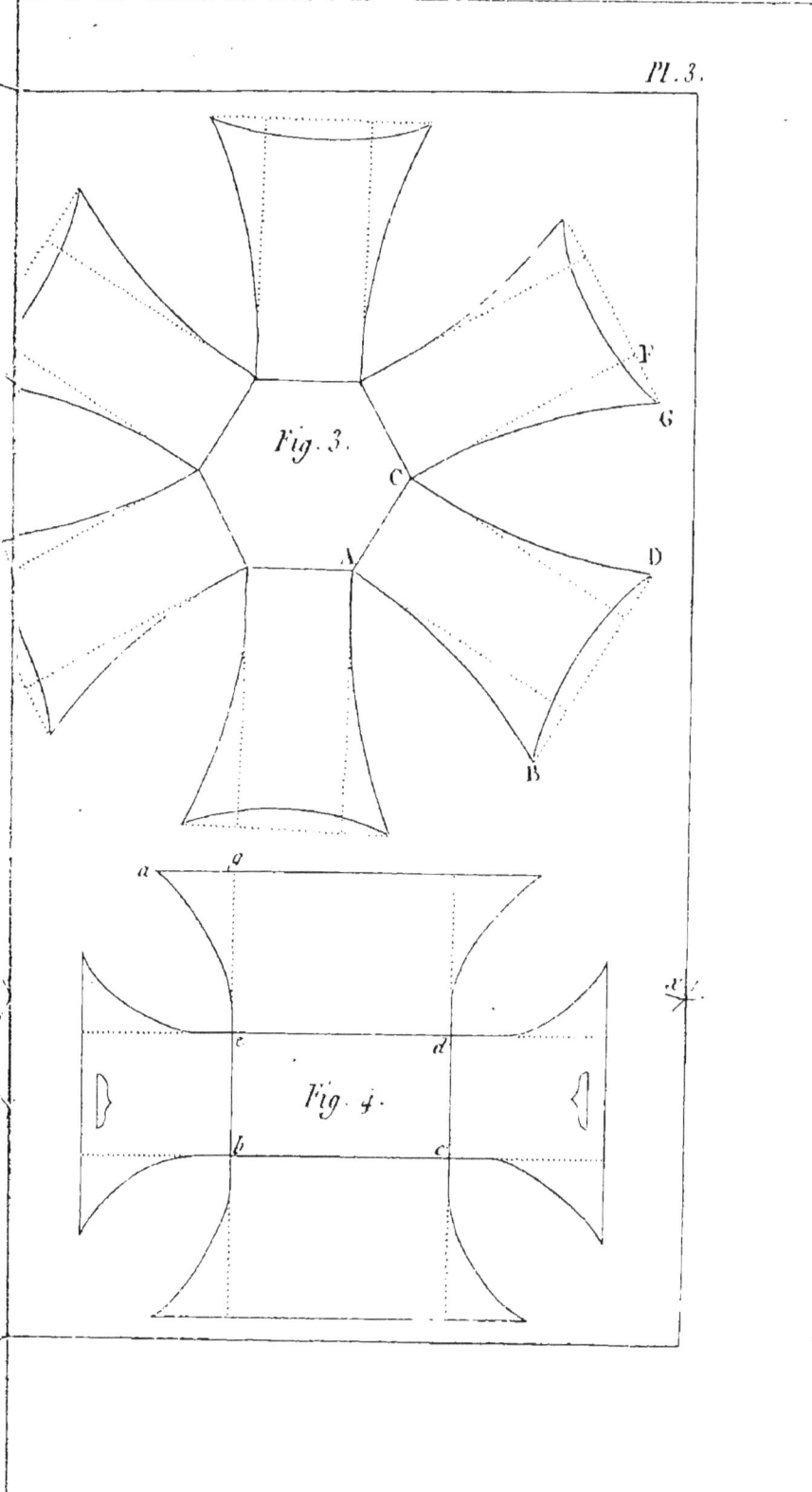

Pag. 40.

Fig. 1.

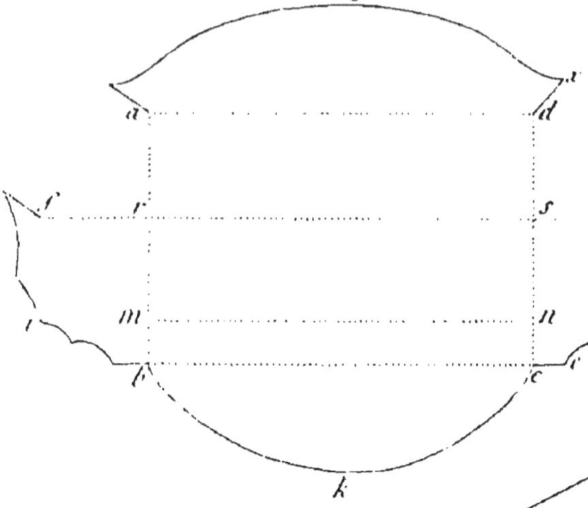

Fig. 3.

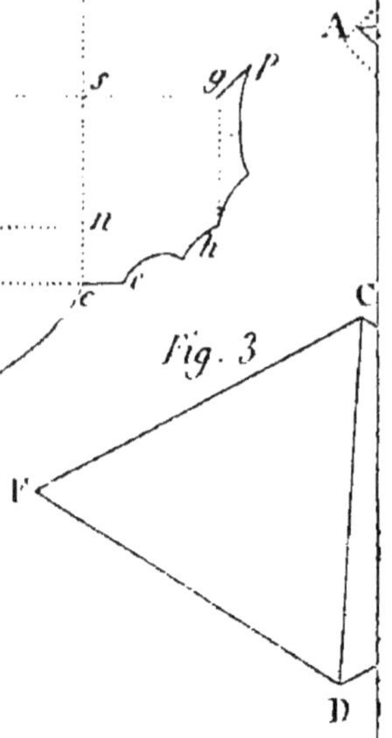

Fig. 4.

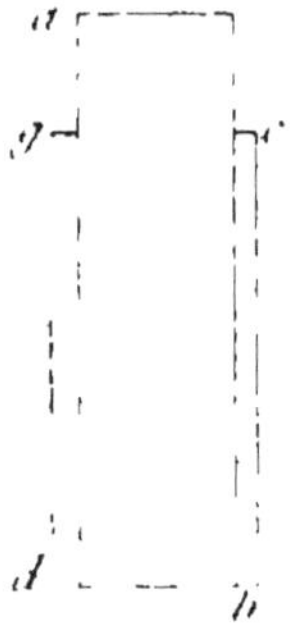

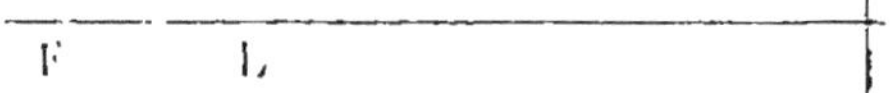

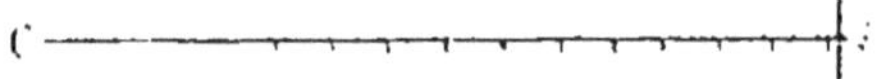

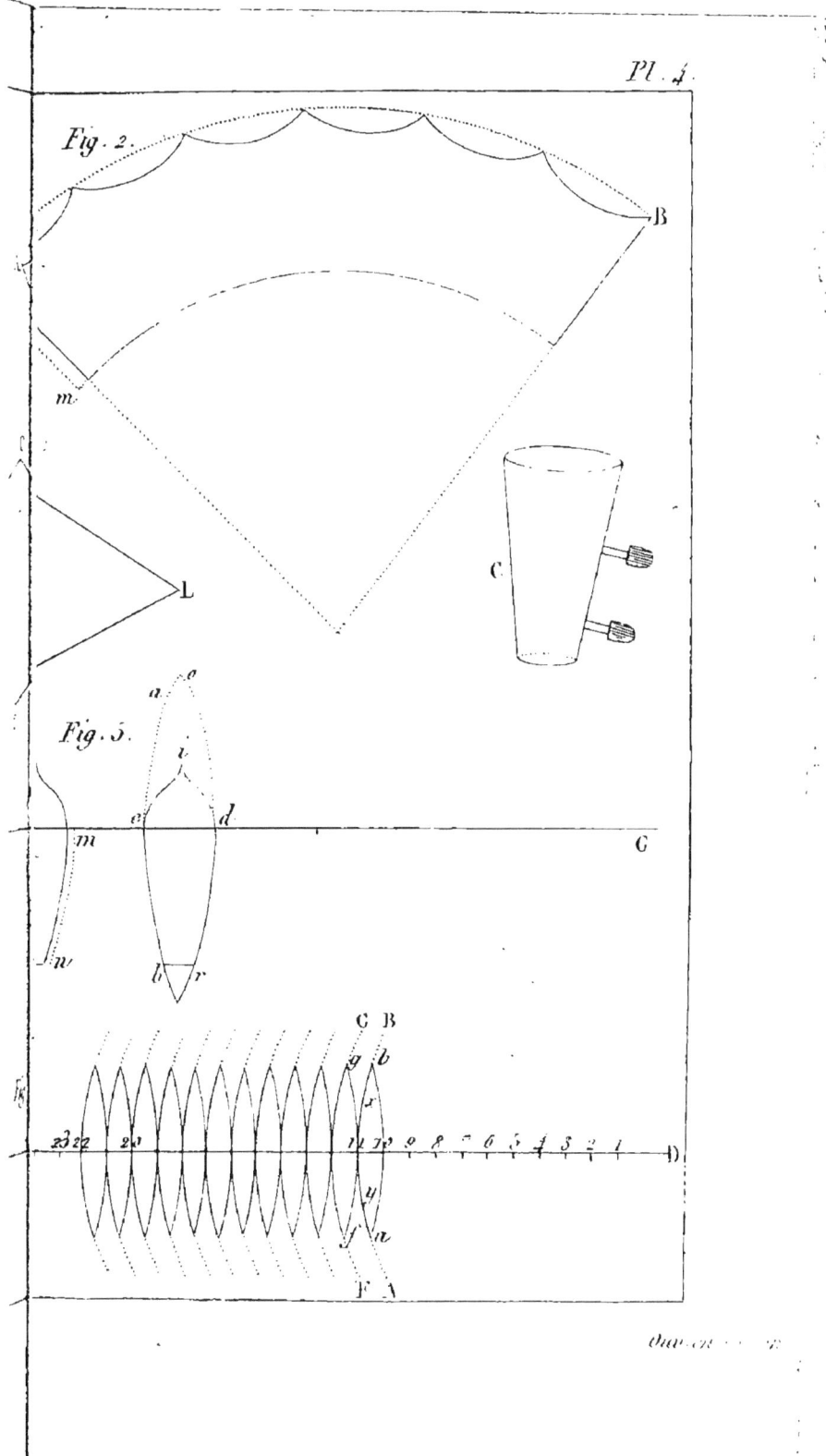

Pag. 60.

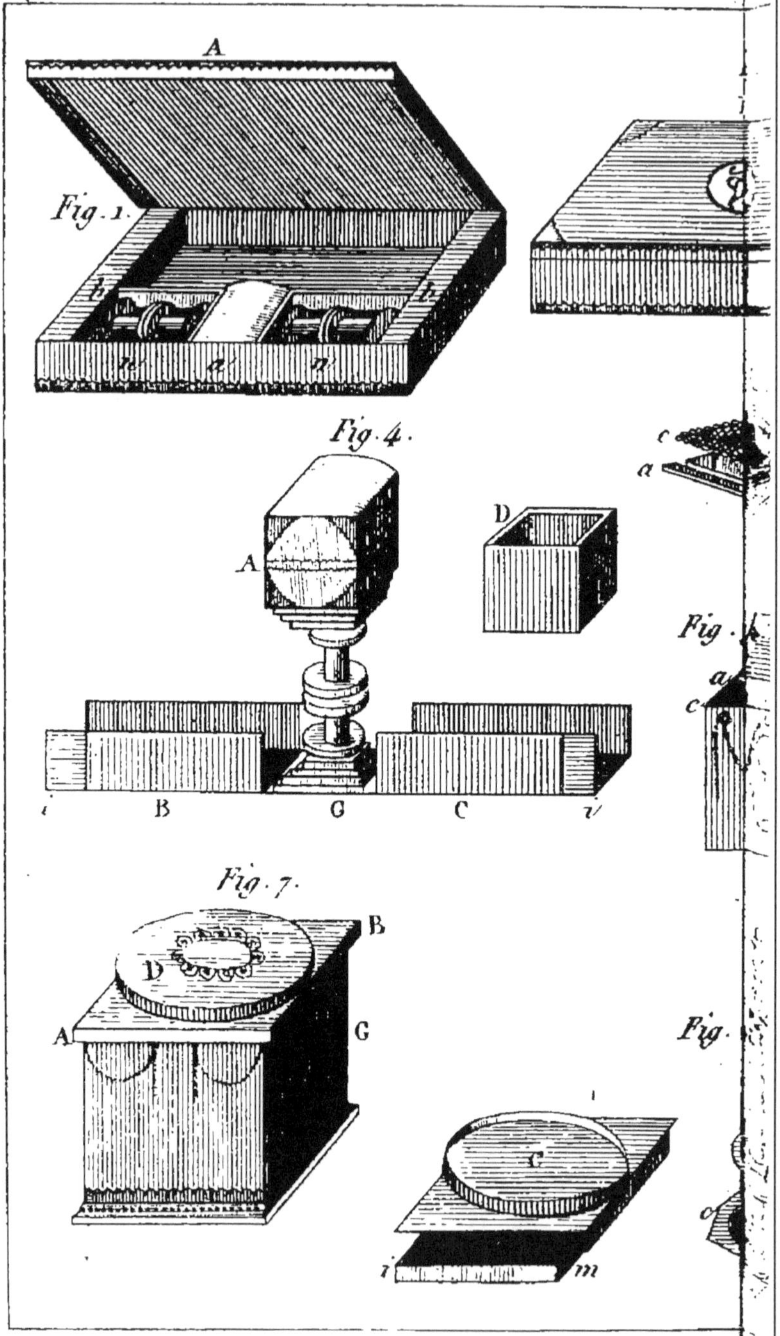

Fig. 1.

Fig. 4.

Fig. 7.

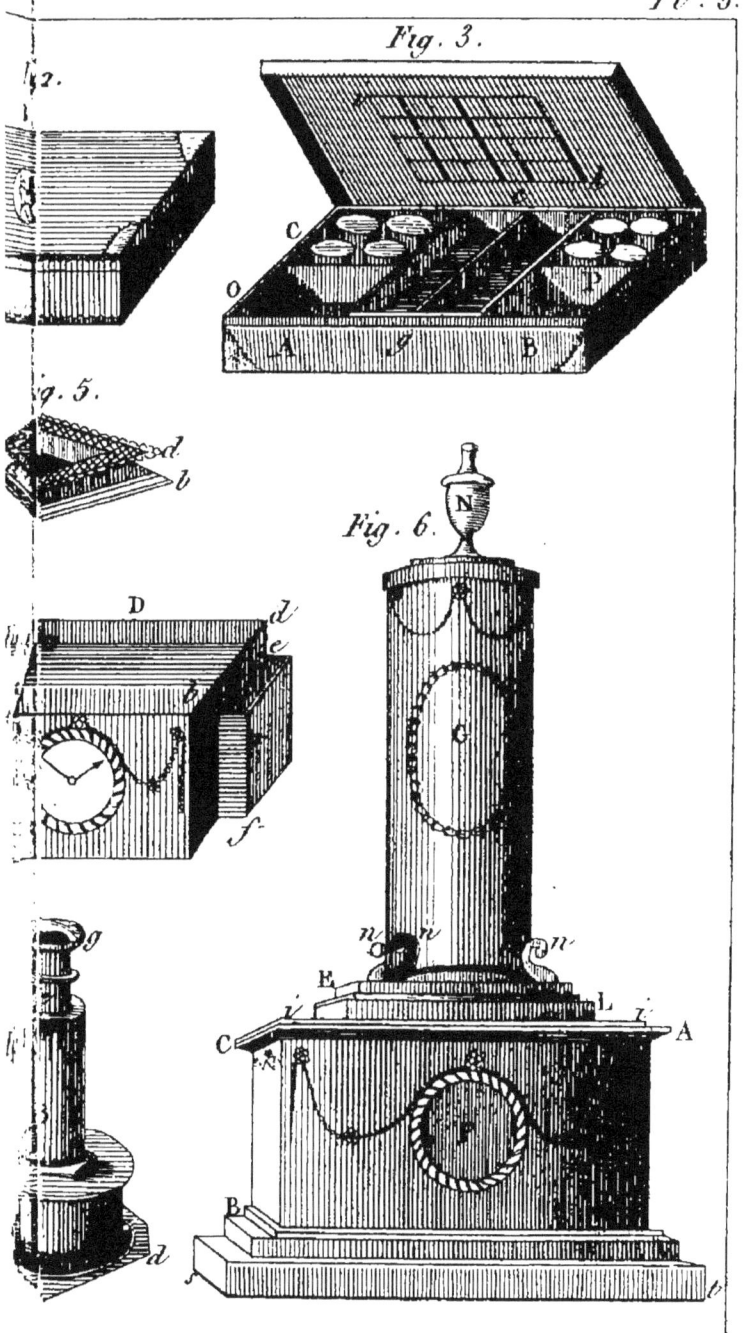

Pl. 5.

Fig. 3.

Fig. 6.

N. L. Rousseau Sculp.

Pag. 53.

Fig. 1.

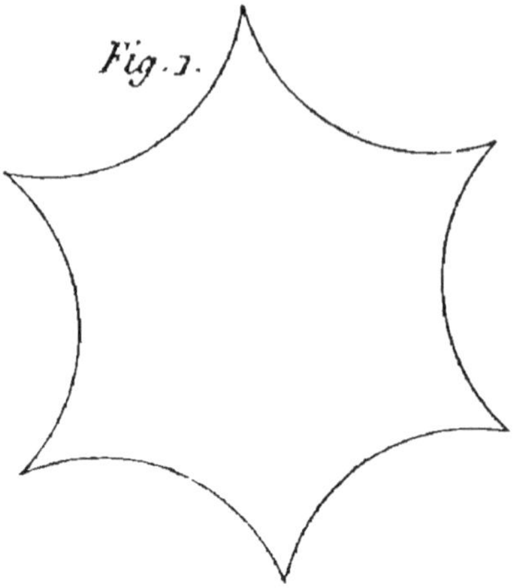

Fig. 5.

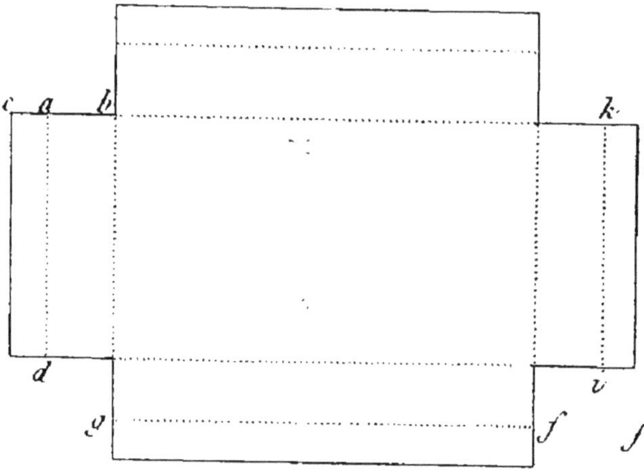

c a b   k

d   i

  g   f

Fig. 8.

D

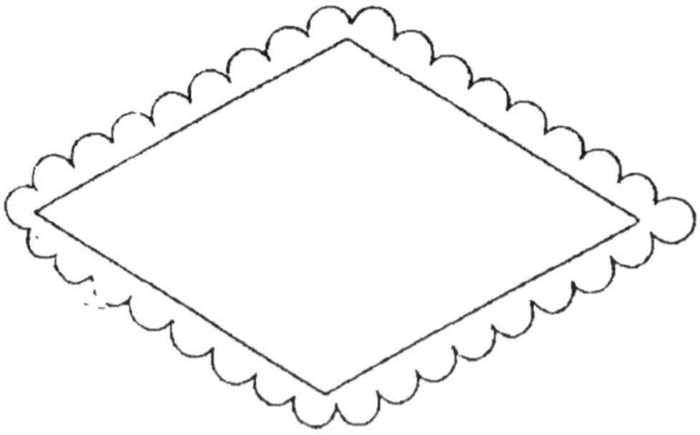

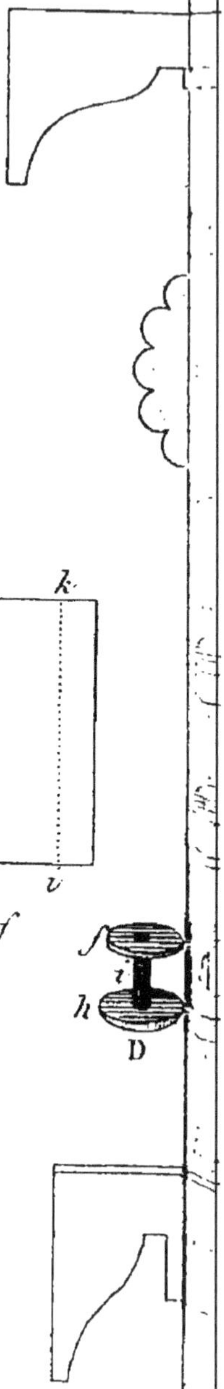

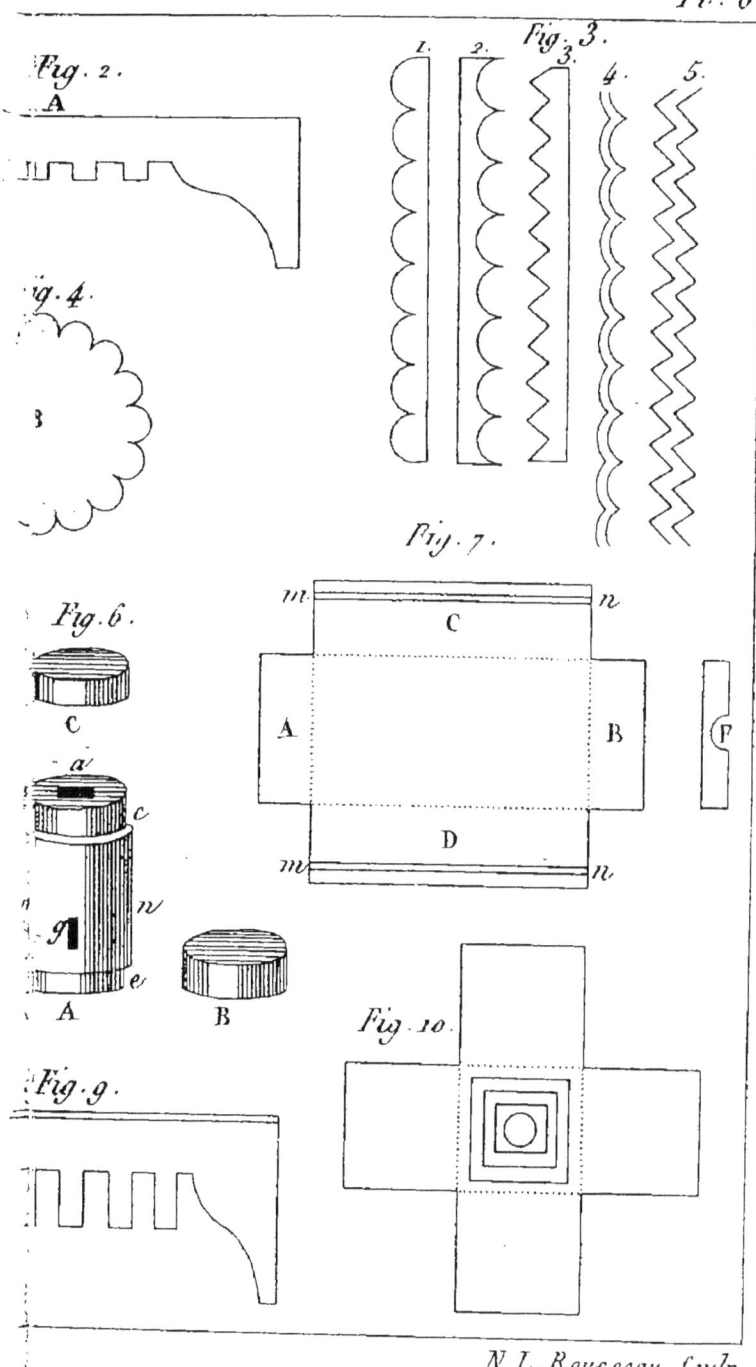

Page 78.

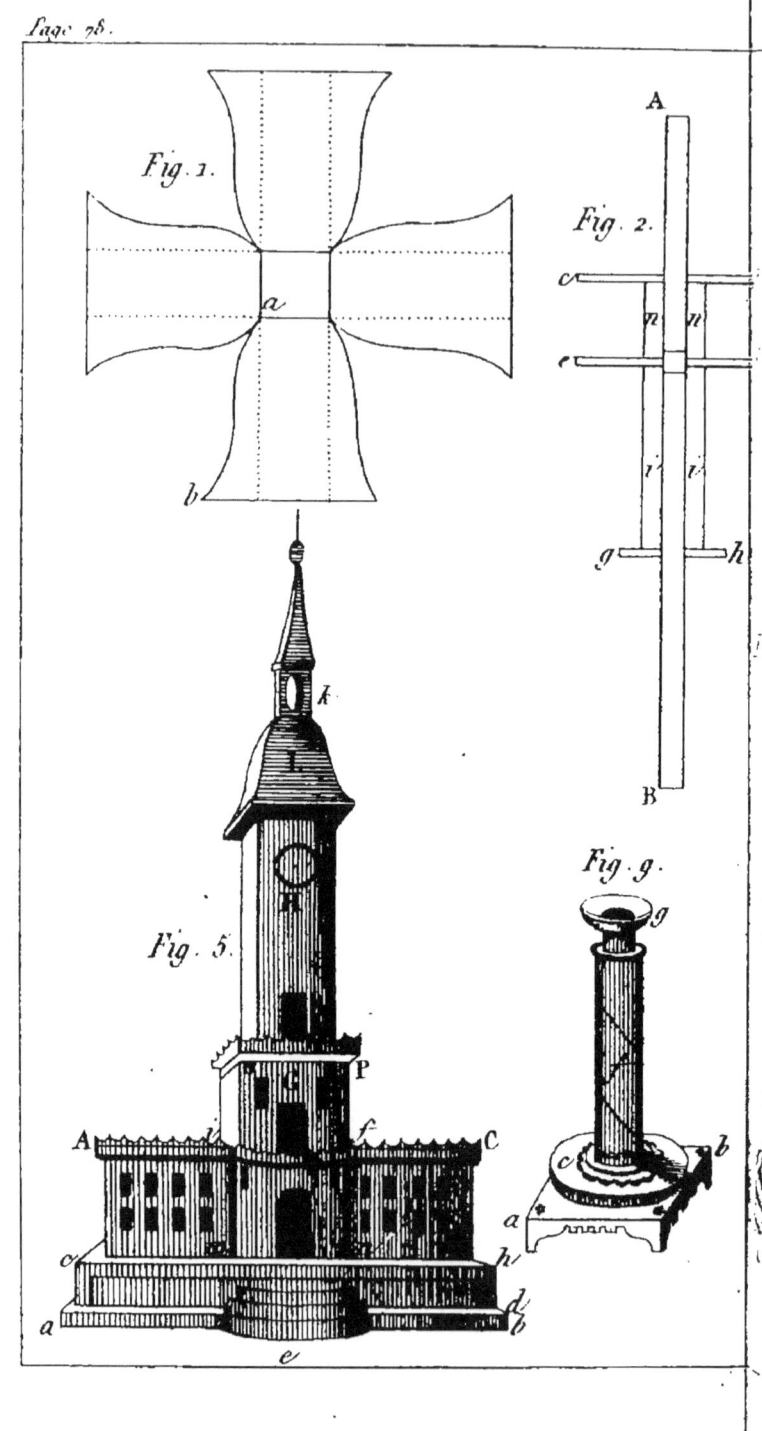

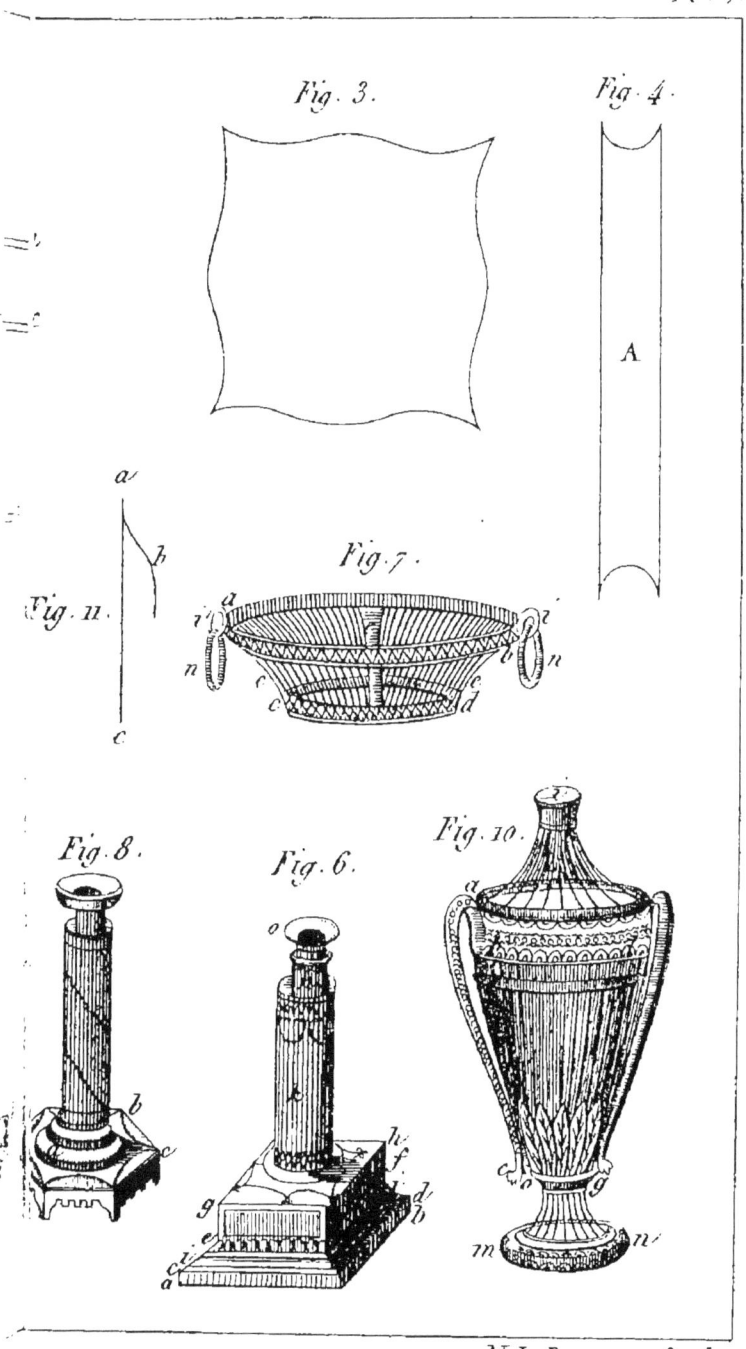

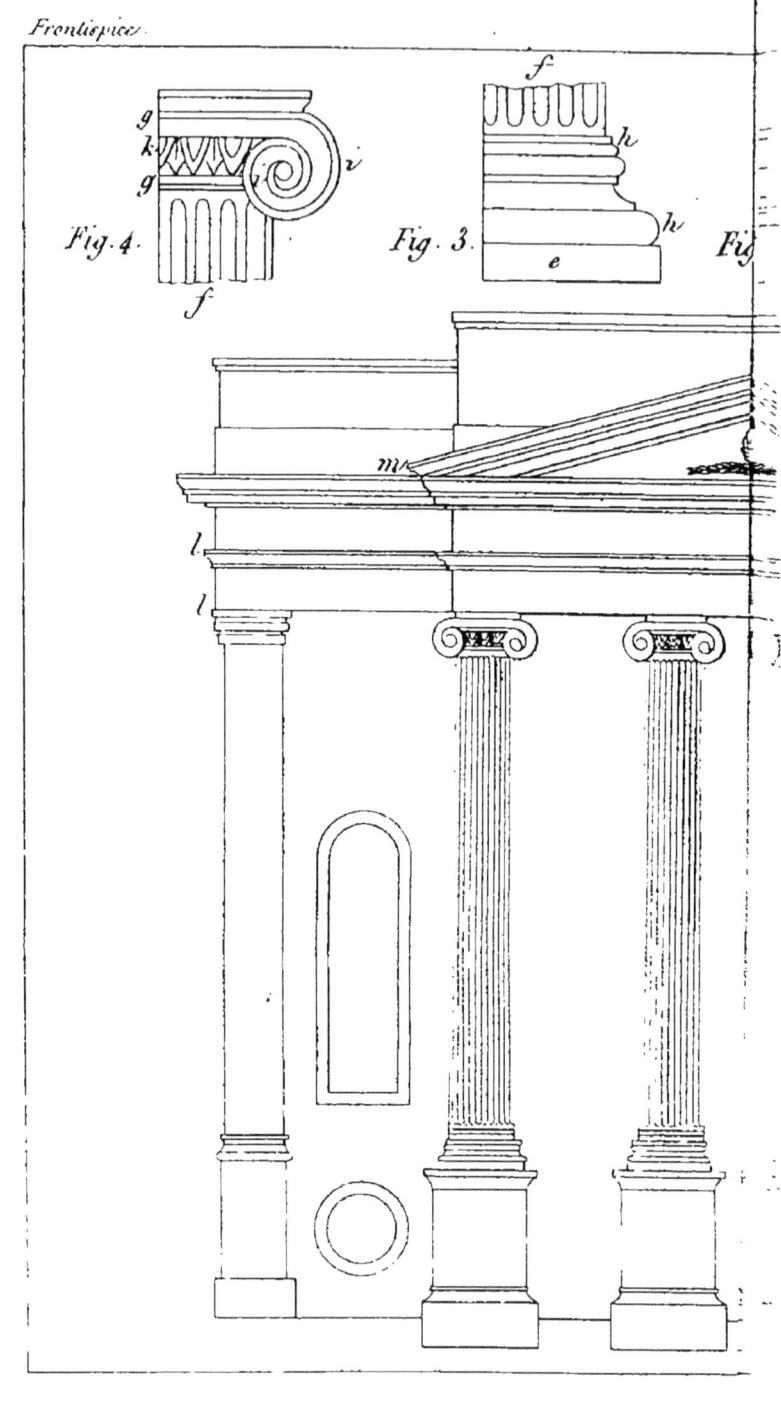

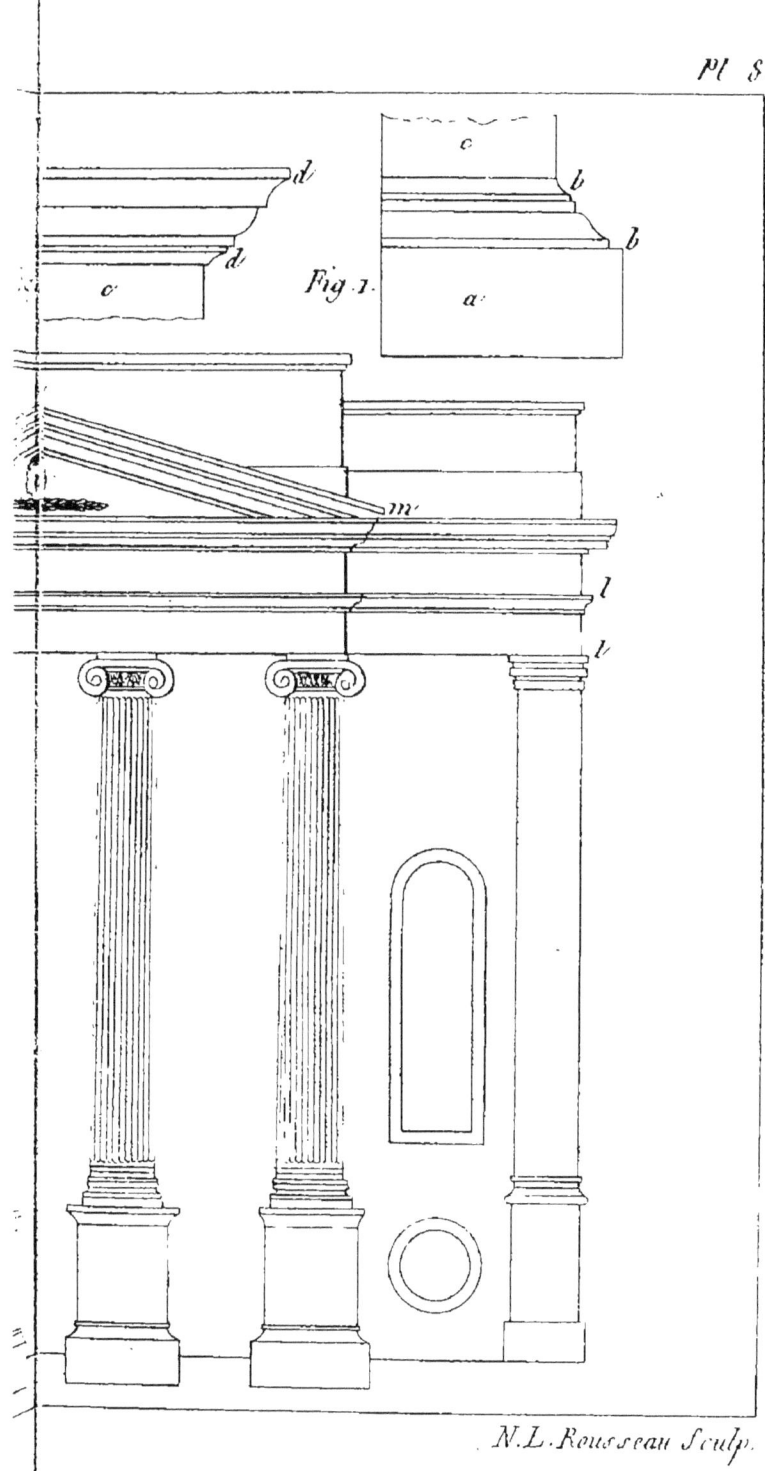

Fig. 1.

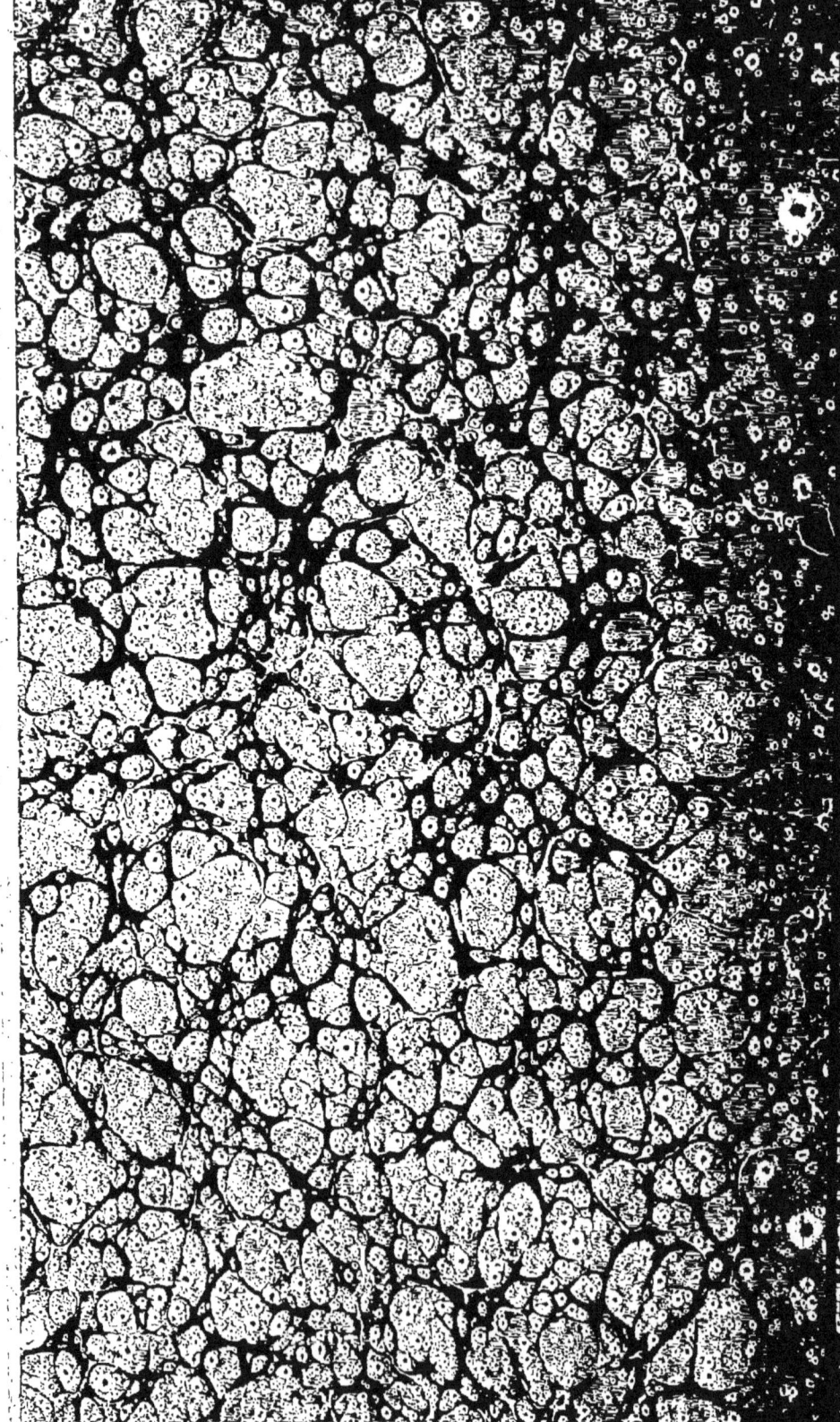

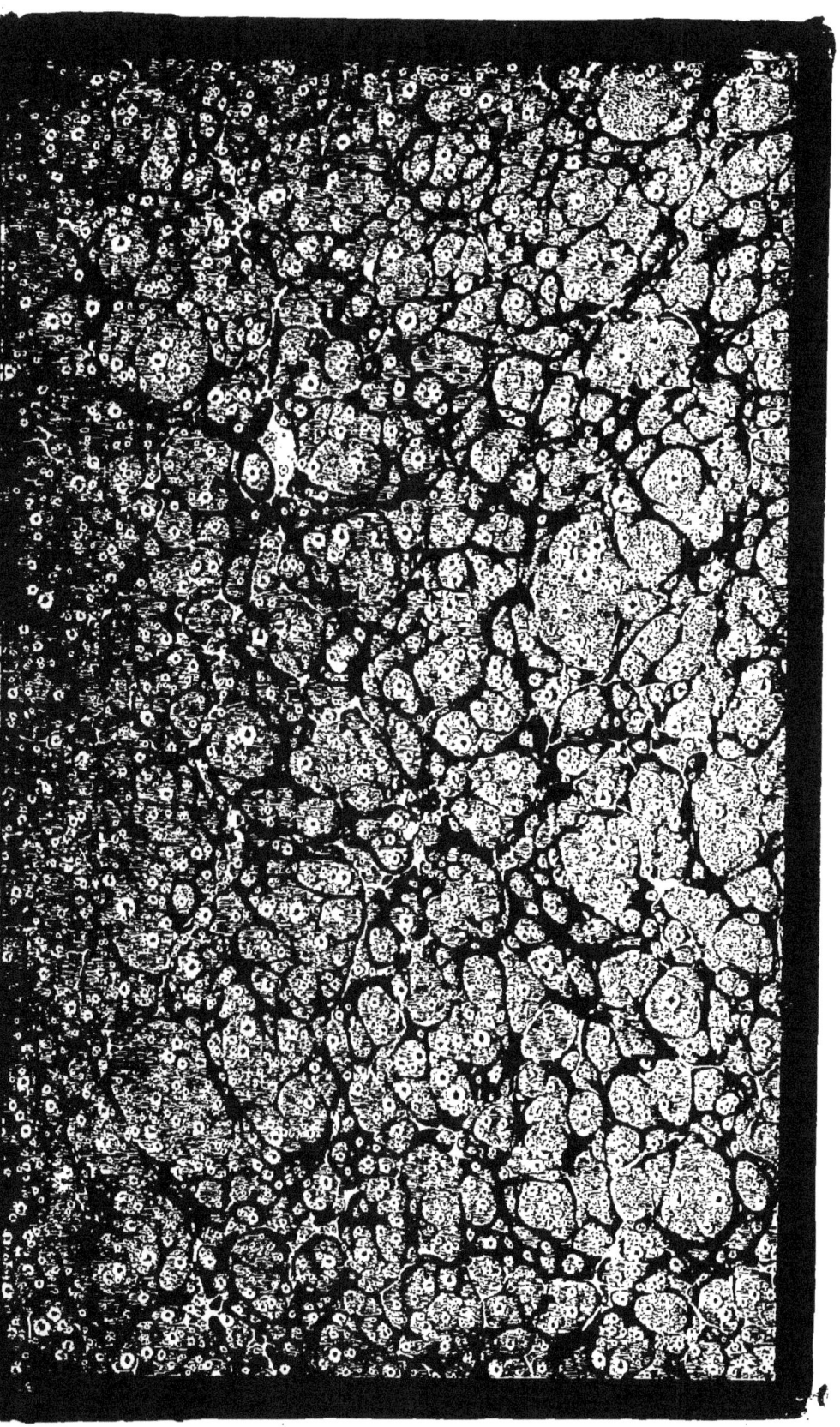

www.ingramcontent.com/pod-product-compliance
Lightning Source LLC
Chambersburg PA
CBHW050217230526
45470CB00001B/428